<그리스도인이면 꼭 알아야 할 성경 지식>

광야의 성막에서 천년왕국 성전까지

서울솔로몬학교 성경연수원

차 례

이 책에 인용된 성경 구절은 〈한글킹제임스성경〉입니다.

제1과

성막과 성전 : 하나님의 임재의 장소

『거기에서 내가 너와 만나고 또 내가 자비석 위, 증거궤 위에 있는 두 그룹 사이로부터 내가 이스라엘 자손에게 계명들로 줄 모든 것들에 관해 너와 교제하리라』(출 25:22).

위대한 계시인 성막과 성전

"성막"(tabernacle)은 성경에서 가장 중요하게 다루는 구조물이다. 겉으로는 낡은 회색 장막에 불과해 보이지만, 성경은 그 장막을 구체적으로 설명하기 위해 출애굽기에서만도 13개의 장을 할애했다(25-31장, 35-40장). 이것은 "노아의 방주"나 성막의 원형인 "우주," "솔로몬 성전," "천년왕국 성전" 또는 "새 예루살렘"의 구조를 설명하는 데 할애한 것보다 훨씬 많은 양이다. 그만큼 하나님께서는 성막에 관해 지대한 관심을 보이시는 것이다. 어떤 사람은 말하기를 "성경의 두 번째 책인 출애굽기에 묘사된 성막은 무미건조한 여느 설계도가 아니라, 창조주의 깊은 뜻이 담긴 살아 있는 한 폭의 그림이다."라고 했다. 피터 럭크만 목사는 "성막은 구약에서 가장 위대한 대상이고 성경 전체적으로는 가장 위대한 계시이다."라고 말했다. "성막"은 세상 어디에서도 찾아볼 수 없는 하나님의 위대한 뜻과 귀중한 진리들과 위대한 계시로 우리를 인도해 주고 있는 것이다.

■ 새롭게 깨달았거나 적용할 내용이 있다면 적어 보세요. ■

"성막"과 "성전"

1. 성막을 지칭하는 다양한 이름들

"성막"은 성경에서 **"장막"**(출 26:36), **"증거의 장막"**(민 9:15), **"회중의 장막"**(출 39:32), **"증거의 성막"**(출 38:21), **"주께서 거하시는 처소"**(출 15:2), **"거룩한 장소"**(출 15:17) 등으로 불린다.

여호수아는 성막을 **"하나님의 집"**이라 말했고(수 9:23), 심지어 **"성전"**으로 언급되기도 한다. **『하나님의 궤가 있는 주의 성전에서 하나님의 등불이 꺼지기 전에 사무엘이 자려고 누워 있는데』**(삼상 3:3). 사무엘의 시대는 솔로몬 성전이 세워지기 전이므로 이 성전은 장막으로 만들어진 성막임이 분명하다. 이처럼 성막(tabernacle)은 장막(tent)이나 성전(temple)과 같은 단어들과 상호 교환해서 사용되기도 하는 것이다.

2. 성막이 세워진 목적

『내가 그들 가운데 거할 성소를 나를 위하여 그들로 만들게 하라. 내가 너에게 보여 주는 모든 것대로 성막의 모양과 그 모든 가구들의 모양을 따라 너희는 그것을 만들지니라.』(출 25:8,9). 하나님께서는 그분의 백성들 가운데 거하시고 다니시면서 그들의 하나님이 되시려고 이 땅에 성막을 세우게 하셨다. 또한 하나님의 거룩하고 독특한 백성들(신 14:2)과 함께 교제하시고 그들에게 복을 주시려고(출 20:24) 모세로 하여금 성막을 세우게 하셨다. **『거기에서 내가 너와 만나고 또 내가 자비석 위, 증거궤 위에 있는 두 그룹 사이로부터 내가 이스라엘 자손에게 계명들로 줄 모든 것들에 관해 너와 교제하리라』**(출 25:22).

3. 성경에 등장하는 여덟 개의 성전

1) 모세의 성막(B.C. 1500 - 1000)
2) 솔로몬 성전(B.C. 1000 - 587)
3) 스룹바벨 성전(B.C. 517 - 50)
4) 헤롯 성전(B.C. 40 - A.D. 70)
5) 그리스도의 몸(B.C. 4 - A.D. 30)
6) 그리스도인의 몸(A.D. 30 - 휴거)
7) 환란 성전(휴거 - 재림, 계 6:9; 11:1,2)
8) 천년왕국 성전(재림, 겔 40-48장)

하나님의 "임재의 장소"

무소부재하신 하나님께서는 이 세상 어느 곳에나 계시지만, 특별히 임재하고 계시는 특정한 장소가 있다.

1. "하늘의 처소"(왕상 8:39, 대하 6:39)라 불리는 "영원"(eternity)에 거하신다(사 57:15).

"영원"은 하나님의 "우주적인 거처"로서 온 우주에서 가장 높이 솟아 있는 장소이고, 모든 권세, 부귀, 지혜, 지식, 힘, 존귀, 영광, 찬양 등이 온전히 결집되고 드러나는(계 5:12) 장소이다.

또한 이곳은 북극성인 "알파 드라코니스"(Alpha Draconis) 별 위쪽 너머로 넓게 펼쳐진 "유리 바다"(sea of glass, 계 4:6), 곧 "깊음"(deep)을 지나면 다다르게 되는 장소이다. 깊음의 표면은 절대 영도로 얼어 있기에(욥 38:30) 모든 분자 활동은 멈추고 시간도 정지되는 장소로서, 낮과 밤이 끝나고 영원이 시작된다.

> 한편 하나님께서는 "하늘의 처소"에만 머물러 계시지 않고 "땅에서 거하실 처소"도 마련하셨다.

2. "율법 시대"에 처음에는 "하늘의 모형"인 "성막"(tabernacle)에 거하셨다.

"성막"은 광야에서 처음 세워진 이래로 솔로몬 성전이 세워질 때까지 "하나님의 임재의 장소"였으며, **하나님께서 거하시는 처소, 곧 "하늘"의 위대한 모형이었다**(히 8:5; 9:23,24, cf. 대상 28:12). ❶ 하늘이 "**세 개의 하늘들**"(첫째 하늘, 둘째 하늘, 셋째 하늘, 고후 12:2)로 구분되어 있듯이, 성막 역시 "**세 부분**"(뜰, 성소, 지성소)으로 구분되어 있다. ❷ 둘째 하늘과 셋째 하늘 사이에 거대한 물층인 "**깊음**"이 가로막고 있듯이(창 1:2, 욥 26:10; 38:30, 시 148:4, 사 51:10, 계 4:6), 성막의 성소와 지성소 사이에도 "**휘장**"이 놓여 있다. ❸ 셋째 하늘에 "**하나님의 보좌**"가 있고 그 주위에 "**그룹들**"이 있듯이(계 4:6-8), 성막 안 지성소에도 언약궤 위에 놓인 "**자비석**"(하나님의 임재의 장소, 출 25:22) 양옆으로 "**그룹들**"이 마주보고 있다.

"**대제사장**"이 일 년에 한 번씩 "**짐승의 피**"를 가지고 "**지성소**"로 들어갔듯이(히 9:7), 대제사장이신(히 8:1) "**예수 그리스도**"께서는 "**그분의 피**"로(히 9:12) "**하늘 자체**"에 들어가셔서(히 9:24) 단번에 영원한 구속을 이루셨다(히 9:12). 그러므로 대제사장이 "**성막에 피를 뿌리는 것**"은 예수 그리스도의 "**우주적인**

피 뿌리심"에 대한 모형이다.

또한 예수 그리스도께서 십자가에 달려 죽으셨을 때 "휘장"이 위에서 아래로 "둘로 찢어졌듯이"(마 27:51, 막 15:38), 둘째 하늘과 셋째 하늘 사이에 있는 "물 층"(깊음)에도 "틈"이 생겨 셋째 하늘로 들어갈 수 있는 "길"(통로)과 "문"이 열렸다(히 9:8; 10:19,20).

> 성막은 모세가 산에서 하나님께서 그에게 보여 주신 모양을 따라 만든 구조물이다(출 25:40). 말하자면 성막 자체는 우주를 나타내고 있으며, 예수 그리스도의 "전 우주적인 구속 사역"을 설명해 주고 있는 것이다.

3. "율법 시대"에 솔로몬 성전이 세워진 이후로는 "성전"(temple)에 거하셨다.

솔로몬 성전은 솔로몬의 때에 7년에 걸쳐 완공되었다(왕상 6:38).

4. "초림 당시"에는 "예수 그리스도의 몸"을 통해 이 땅에 거하셨다.

하나님께서는 이 땅에 "육신의 장막"을 치시고 그 몸을 통해 임재하고 계셨다. 『**그 말씀이 육신이 되어 우리 가운데 거하시므로, (우리가 그의 영광을 보니, 아버지의 독생자의 영광으로) 은혜와 진리가 충만하더라**』(요 1:14). "거하다"(dwelt)에 해당하는 헬라어 "스케노오"(σκηνόω)는 "장막을 치다"라는 의미이다. 이것은 초림 당시 예수님께서 탄생하신 시점이 "장막절"임을 보여 준다.

예수 그리스도의 재림 역시 "장막절"과 관련이 있는데, 이는 이 절기가 재림과 밀접하게 연관되어 있는 절기이기 때문이다(슥 14:16,18,19, 왕상 8:2, 사 16:5, 암 9:11, 행 15:16, 말 4:2, 시 19:4, 마 17:2). 예수 그리스도께서는 "자신의 몸"을 가리켜 "성전"이라고 직접 말씀하시기도 하셨다(요 2:19-21). 예수 그리스도의 이름인 『**임마누엘**』(마 1:23)의 뜻은 『**우리와 함께하시는 하나님**』(마 1:23)이다.

5. "교회 시대"에는 "그리스도인들의 몸" 안에 거하고 계신다.

그리스도인들의 몸은 『**성령의 전**』(고전 6:19)이자 『**살아 계신 하나님의 성전**』(고후 6:16)이다.

> 악이나 더러움이 없으시며 전지전능하시고 불멸하시며 영원하신 하나님께서 연약한 죄인들의 몸을 그분의 성전으로 삼으셨다는 것은 성도가 이 땅에서 누릴 수 있는 가장 위대한 특권이다. 사도 바울은 이것을 "신비"(골 1:27)라고 말했고, 또한 "신비의 교제"(엡 3:9)로도 설명했다.

6. "재림 때"는 예루살렘에 세워질 "천년왕국 성전"에 거하실 것이다(겔 48:35, 슥 6:12,13).

7. 새 하늘과 새 땅이 창조될 "영원 시대"에는 하늘로부터 내려오는 거룩한 도성인 "새 예루살렘"에서 거하실 것이다.

『내가 보니, 성 안에는 성전이 없더라. 이는 전능하신 주 하나님과 그 어린양이 그곳의 성전임이라. 그 도성은 해나 달이 그 안에서 비칠 필요가 없으니, 이는 하나님의 영광이 그곳을 비추고 어린양이 그곳의 빛이 됨이라』(계 21:22,23).

영원 시대에 새 하늘로부터 새 예루살렘이 내려오면서 "사람들 가운데 거하려고 하셨던" 하나님의 목적은 온전히 성취된다. **『또 내가 들으니, 하늘에서 큰 음성이 나서 말하기를 "보라, 하나님의 성막이 사람들과 함께 있어 그분께서 그들과 함께 거하시리니, 그들은 그분의 백성이 되고 하나님께서는 친히 그들과 함께 계셔서 그들의 하나님이 되시리라』**(계 21:3).

■ 새롭게 깨달았거나 적용할 내용이 있다면 적어 보세요. ■

NOTES

NOTES

제2과

광야의 성막과 그 상징적인 의미

『모세가 그같이 행하되, 主께서 자기에게 명령하신 모든 것대로 행했더라. 둘째 해 첫째 달, 그 달의 첫날에 성막이 세워졌더라』(출 40:16,17).

"성막"의 재료들

하나님께서는 모세에게 성막에 관해 자세히 보여 주셨다. 이스라엘 백성들은 하나님께서 보여 주신 모든 것대로 성막의 모양과 그 모든 기구들의 모양을 따라 성막을 만드는 일에 착수한다. 그들은 자원하는 마음으로 자신이 소유하고 있는 것들 중에서 성막 공사를 위해 필요한 재료들을 가져왔다. 지혜로운 여인들은 실을 잣고 베실을 가져왔으며, 치리자들은 보석류와 기름, 향료 등을 가져왔다. 『**이스라엘 자손이 자원하는 예물을 주께 가져왔으니 모든 남자와 여자가 주께서 모세의 손을 통해 만들라고 명령하셨던 모든 작업을 위하여 그들의 마음이 자원하는 대로 가져온 것이더라**』(출 35:29). 이 아름다운 광경은 성소 공사에 착수한 이후에도 이어졌다.

브살르엘과 아홀리압이 모세에게서 백성들이 드린 예물을 받았음에도 불구하고, 백성들은 여전히 매일 아침 자원하는 예물들을 들고 찾아왔다(출 36:3). 성소 공사에 필요한 재료의 양보다 더 넘쳐나서 모세가 백성들에게 더 이상 성소에 바칠 예물들을 가져오지 말라고 명령할 정도였다. 이렇게 자원하는 마음으로 드려진 예물들과 하나님께서 주신 지혜와 명철로 예비된 자들에 의해 "광야의 성막"이 만들어졌던 것이다.

"성막"의 구조(출 25:1-40:38)

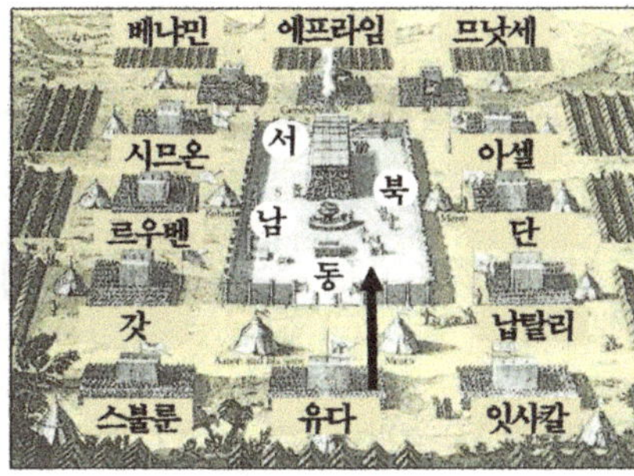

성막의 뜰과 성막의 기구들

- **지성소**
  - 언약궤와 자비석
- **성소**
  - 금제단과 향로
  - 금촛대
  - 빵 차리는 상
- **뜰**
  - 물대야
  - 번제단

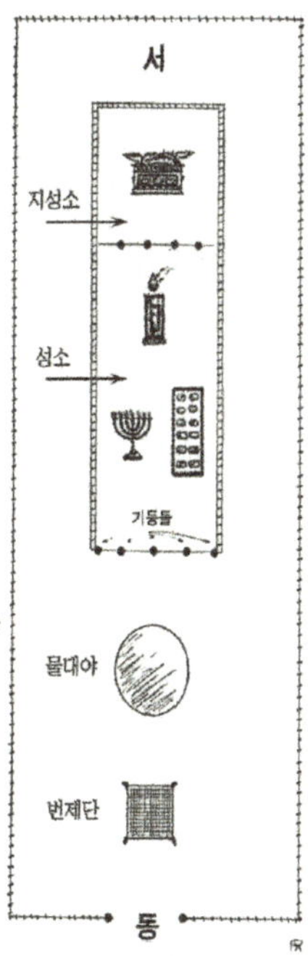

▸죄인이 하나님께 나아가는 방향은 **동**에서 **서**이다.

▸죄인이 처음 발견하는 것은 불이다.

▸다음으로 그가 보는 것은 희생제사로 드려진 어린 양이다.

성막은 "뜰"과 "성소"와 "지성소" 세 부분으로 구분되어 있다. "뜰"에는 번제단과 물대야가 있고, "성소"에는 빵을 차려 놓은 상과 금촛대와 금향단이 있으며, "지성소"에는 언약궤와 자비석이 있다.

성막으로 들어갈 때는 동쪽에서 서쪽으로 들어간다. 성막의 원형인 "우주"로 보면 하나님께 나아가는 방향이 남쪽에서 북쪽이지만, 지상에서는 하나님께 나아가는 방향이 동쪽에서 서쪽이다. 이것은 죄인들이 하나님께 나아가는 방향이며 그렇게 나아갈 때 처음 발견하는 것은 "불"이다. 그다음으로 보는 것은 희생제사로 드려진 "어린양"이다.

1. 성막의 뜰(출 27:9-19; 38:9-20)

성막 주위의 "뜰"은 그 경계가 가늘게 꼰 베실로 만든 "막"으로 둘러쳐져 있었다.

2. 번제단(놋제단, 출 27:1-8; 38:1-7)

성막의 뜰 안으로 들어서면 뜰 중앙에 가장 먼저 보이는 위치에 놓여 있었다.

3. 물대야(놋대야, 출 30:17-21; 38:8)

번제단 다음에 위치한 기명으로 물로 채워진 크고 둥근 대야이다.

4. 성막(출 26:1-37; 36:1-38)

위쪽에서 보면 들보가 세워진 천막처럼 보이고, 그 안으로 들어가면 칸이 두 개로 구분되어 있다. "성소"는 성막의 "첫 번째 부분"이고, "지성소"는 성막의 "두 번째 부분"이다.

5. 빵을 차려 놓은 상(출 25:23-30; 37:10-16)

성소 북쪽 편에 위치해 있고, 그 위에는 빵이 여섯 개씩 두 줄로 놓여 있다.

6. 금촛대(메노라, 출 25:31-40; 37:17-24)

성막 안으로 들어가면 성소 남쪽 편에 위치해 있다.

7. 금향단(금제단, 출 30:1-10; 37:25-29)

성막 안에서 성소의 서쪽 편, 지성소로 들어가는 휘장 앞쪽에 위치해 있다.

8. 휘장(출 26:31-33)

성소에서 지성소로 들어가는 입구에는 통과할 수 없도록 크고 두꺼운 휘장이 가로막고 있다.

9. 언약궤(출 25:10-22; 37:1-9)

휘장 안쪽 지성소에는 언약궤가 있고, 그 위에는 "자비석"이 놓여 있다.

■ 새롭게 깨달았거나 적용할 내용이 있다면 적어 보세요. ■

성막의 뜰(출 27:9-19; 38:9-20)

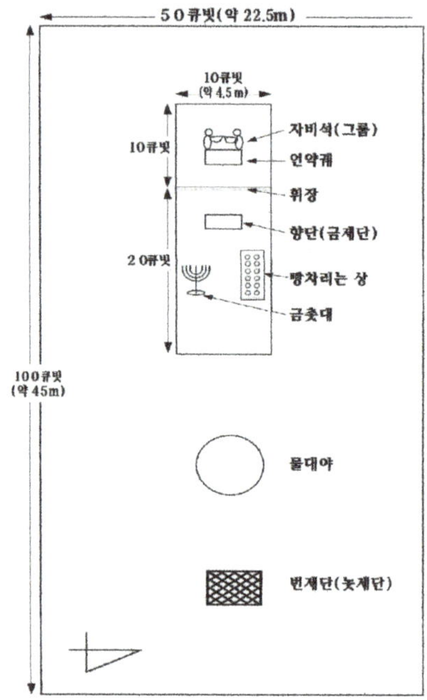

1. 성막의 뜰 사면의 "길이"

남쪽과 북쪽 면의 길이는 <u>100큐빗</u>(약 45m, 출 27:9,11)이고, 서쪽과 동쪽 면의 길이는 <u>50큐빗</u>(약 22.5m, 출 27:12)이다.

"동쪽"에는 성막의 뜰로 들어가는 "<u>출입문</u>"이 나 있으며, 문의 길이가 <u>20큐빗</u>(약 9m, 출 27:16)이고, 출입문 양편(兩片)의 길이는 각각 <u>15큐빗</u>(약 6.8m)이다. <u>이 "출입문"은 예수 그리스도를 예표한다(요 10:7,9)</u>.

2. 성막의 뜰 사면을 두른 "막"

성막의 뜰을 두른 막은 가늘게 꼰 베실로 만든 "<u>흰색의 막</u>"으로 사면을 둘러쳤는데(출 27:9), 이것은 "<u>성도들의 의</u>"(계 19:8)를 예표하고 있으며, "예수 그리스도의 의"가 성도들에게 전가되었음을 보여준다.

출입문의 막은 "청색, 자색, 주홍색 실과 가늘게 꼰 베실"(출 27:16)로 만들었다. "청색"은 "하늘"을 나타내고, "자색"은 "왕족"을 의미하며, "주홍색"은 "예수 그리스도의 피"를 예표한다. "세 가지 색깔"은 모두 셋째 하늘에 거하시는 하나님을 묘사하는데, 하나님께서는 만왕의 왕으로서 하늘과 땅을 통치하시며(단 4:3,34), 하나님의 피를 갖고 계신다(행 20:28).

3. 성막의 뜰 사면에 세워진 "기둥"

5큐빗(약 2.3m) 높이의(출 27:18) 막을 위해 "놋으로 만든 기둥"을 세웠으며, "은으로 만든 가름대"로 갈고리에 끼워 기둥과 기둥을 연결시켰다(출 27:10). "놋"은 "하나님의 심판"을 의미하고, "은"는 "구속"을 예표한다. 이것은 뜰 사면을 두르고 있는 "흰색 막"으로 예표되는 "의"는 하나님의 심판("놋")을 통과해야 하지만, 그 의는 구속("은")을 통해 완성된다는 것을 보여 준다.

남쪽과 북쪽 면에는 각각 20개의 기둥을 세웠고(출 27:10), 서쪽 면에는 10개의 기둥을 세웠으며(출 27:12), 출입문이 나 있는 동쪽 면에는 출입문에 4개의 기둥을 세웠고(출 27:16), 출입문 양편으로는 각각 3개의 기둥을(출 27:14,15) 세웠다.

번제단(놋제단, 출 27:1-8; 38:1-7)

1. "동쪽"으로 난 뜰 문으로 들어서면 가장 먼저 불이 활활 타오르고 있는 "번제단"을 보게 되는데, 불로 희생제를 드리는 이 번제단은(출 38:1) "놋제단"으로도 불린다(출 38:30).

2. 기본 사양

번제단 (놋제단)

번제단은 "싯딤 나무"로 만들고 "놋"으로 입혔다. "싯딤 나무"는 "사람으로 오신 예수 그리스도"를 예표하고 "놋"은 "심판"을 의미한다.

번제단은 반듯한 네모 모양이며, 길이가 5큐빗(2.3m), 너비가 5큐빗(2.3m), 높이가 3큐빗(1.4m)이다. "5"라는 숫자는 "죽음"을 나타내는데, 매일 아침과 저녁마다 그곳에서 불타는 어린양을 보게 된다(출 29:38,39). 유대인들이 하나님께 나아갈 때 가장 먼저 알아야 할 것은 바로 "죄에 대한 심판과 형벌"이었다.

〈솔로몬 성전 및 천년왕국 성전과 비교해 본 "번제단의 기본 사양"〉

비 교		성 막 (출 27:1)	솔로몬 성전 (대하 4:1)	천년왕국 성전 (겔 43:13-17)
재 료		놋을 입힌 싯딤 나무	놋	언급이 안 됨
모 양		반듯한 네모	반듯한 네모	반듯한 네모
치수	길이	5큐빗	20큐빗	12큐빗
	너비	5큐빗	20큐빗	12큐빗
	높이	3큐빗	10큐빗	6큐빗

3. "놋"을 입힌 번제단은 죄에 대한 하나님의 진노의 심판, 곧 지옥 불의 심판을 묘사한다.

번제단에서는 죄에 대해 진노하시는 "하나님의 공의"와 죄를 대속하는 "희생제물"(예수 그리스도)을 볼 수 있다(요 19:28). "하나님의 공의"는 죄에 대하여 반드시 그 대가를 요구하신다.

4. 성막 안뜰로 들어가서 제일 먼저 보게 되는 "하나님의 심판의 불"은 세상의 모든 종교들이 죄 문제를 잘못 다루고 있음을 보여 준다.

인류의 죄 문제는 하나님의 심판을 대신 받으신 『**하나님의 어린양**』(요 1:29)을 통해서만 해결될 수 있다. 『**하나님의 어린양**』을 통해 죄 문제를 해결해야만 지성소에 계신 하나님께로 나아갈 수 있는 것이다.

물대야(놋대야, 출 30:17-21; 38:8)

1. 놋제단을 지나면 회중의 성막과 번제단 사이에 물대야가 위치해 있다.

"놋"으로 만들어진 물대야는 크기가 굉장히 큰 우묵한 통으로서 맨 아래에 물을 받을 수 있는 작은 꼭지들이 있고 그 밑바닥에는 다리가 있다(출 38:8). 그 다리는 바닥으로 물이 흘러내리는 것을 받치고 있다.

아론과 그의 아들들이 성막에 들어가기 전에 손과 발을 씻는 곳이었고, 씻지 않고 성막에 들어가면 죽게 된다(출 30:20,21).

2. 물대야의 치수는 제시되어 있지 않다.

놋으로 된 물대야

물대야의 치수가 제시되어 있지 않다는 것은 물대야가 얼마나 많은 물을 담고 있든지 간에 "**영원한 것**"을 예표한다. 물은 "하나님의 말씀"을 상징하기 때문에(엡 5:26), 치수가 없는 물대야의 물은 "**영원한 말씀**"을 상징한다(시 119:89, 벧전 1:23).

3. 물대야는 성도들의 "정결한 삶"을 의미한다.

예수 그리스도의 보혈로 구원받은 성도는 매일 스스로를 "말씀의 거울"에 비춰 보면서(약 1:23) "말씀의 물"로 씻어야 한다(엡 5:26). 제사장들이 성막을 출입할 때마다 더러워진 발을 씻는 것은 "목욕한 사람은 발만 씻으면 된다"는 예수님의 가르침을 보여 준다(요 13:10).

성막 안에는 마루가 없다. 그래서 제사장들이 성막에 출입할 때마다 그의 발이 더러워지기 때문에 발을 계속 씻어야 했다. 그렇게 하는 것이 피곤한 일일 수도 있으나, 반드시 해야만 하는 일이었다.

그리스도인들도 죄를 지을 때마다 자백하고 말씀의 물로 씻어야 한다. 그런데 많은 그리스도인들이 죄를 자백하는 것과 성경을 읽는 것을 중단하고 있다. 반복되는 죄로 인해 하나님께로 나아가 죄를 자백하고 예수 그리스도의 피와 말씀의 물로 씻는 일을 피곤한 일로 여기고 있는 것이다.

KJBC

킹제임스성경신학교는 피터 럭크만 박사가 미국 플로리다주 펜사콜라시에 설립한 Pensacola Bible Institute (PBI)에 기반을 두고 있습니다. 미국 Pensacola Bible Institute는 1965년 9월 개강한 이래로 지금까지 미국 내 정통 신학 교육의 요람으로서, 미국 내 유수한 근본주의 침례교 신학교들을 압도하고 성경대로 믿는 그리스도인들의 산실이 되고 있습니다. 자유주의와 현대주의를 배격하는 가운데 정통 교리의 수준 높은 신학 교육은 물론이요, 능력 있는 설교자 양성을 위한 강도 높은 훈련으로도 단연 으뜸입니다. 이처럼 본 신학교도 1991년에 세워진 이래로 이 땅에 바른 성경적 지식을 정착하고 신실한 하나님의 일꾼을 양성하는 데 총력을 기울여 오고 있습니다.

기존 신학교는 하나님의 말씀보다는 교단 신학과 학문으로서의 신학에 중점을 두어 가르치고 있습니다. 또한 편협한 교단 교리에 하나님의 말씀을 억지로 끼워 맞춰 가르치고 있기 때문에 이제는 하나님의 말씀에 근거한 신학을 제대로 가르치는 곳이 절대적으로 필요합니다. 이런 절실한 필요에 의해 본 신학교는 모든 교과 과정을 교단 신학이 아닌 하나님의 말씀으로 채움으로써 하나님의 말씀에 대한 올바른 지식을 터득할 수 있도록 구성하고 있습니다. 이렇게 구성된 모든 교과 과정은 성경 각 책에 대한 깊이 있는 수업과 설교의 실전 연습, 제반 목회 생활에 관한 실제적인 수업들로 이루어져 있으며, 무엇보다도 균형 있고 올바른 성경적 지식으로 무장할 수 있는 많은 수업들이 제공되고 있습니다.

킹제임스성경신학교는 설교자와 목회자, 성경 교사, 선교사를 양성하기 위한 곳으로, 3년의 모든 과정을 착실히 이수한 모든 학생들이 각자 하나님의 부르심에 따라 언제 어디서나 전담 사역자로서 사역할 수 있도록 양육받을 수 있는 국내 유일의 온·오프라인 정통 신학교입니다.

입학요강

	신학사(B.D.)	킹제임스성경신학원 신학석사(Th.M.)
수업연한	3년 (6학기)	2년 (4학기)
자　　격	• 거듭난 그리스도인으로서 하나님께 쓰임받기 원하는 사람 • 고등학교 졸업자 및 졸업 예정자 또는 동등 이상의 학력이 인정되는 자(연령 제한 없음)	• 본교를 졸업한 신학사 학위 소지자로서 진리의 지식으로 효과적인 사역을 이루려는 분
선　　발	서류전형(입학원서, 구원간증, 자기 소개서), 면접(서류 전형 합격자에게 개별 통보)	
학사일정	오프라인 봄 학기 매년 3월초 가을 학기 9월초 개강(총 16주) 월,화,목,금(오후 6:30 – 9:20) 온 라 인 수시접수 가능(한 학기 총 16주 / 100% 동영상 강의)	한 학기당 16주 과정 (화요일 오후 6:30 – 9:20)
원서교부	킹제임스성경신학교 교무처 / 인터넷 접수	

킹제임스성경신학교학장 10122 경기도 김포시 고촌읍 장곡로 39
전화 (02) 2665-3303, 팩스 (02) 2665-3302

성막(출 26:1-37; 36:1-38)

1. 규격

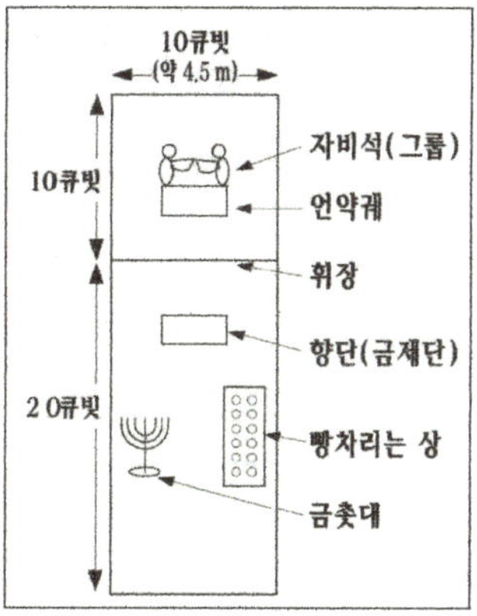

전체 크기는 남쪽과 북쪽 면이 30큐빗(약 13.5m)이고, 동쪽과 서쪽 면은 10큐빗(약 4.5m)이다. 성소와 지성소의 크기는 그림과 같다.

2. 성소로 들어가는 "장막문"

폭과 높이는 각각 10큐빗(약 4.5m)으로서 "폭"은 성막 뜰 출입문의 폭(약 9m)보다 "절반"으로 줄어들었지만, "높이"는 뜰 출입문의 높이(약 2.5m)보다 약 "1.8배" 높아졌다. "막"은 뜰의 출입문처럼 청색, 자색, 주홍색 실과 가늘게 꼰 베실로 만들었고, "다섯 개"의 놋받침 위에 있는 다섯 개의 기둥에 걸어졌다(출 26:36,37).

3. 성막의 "덮개들"

성막은 ❶ 가늘게 꼰 베실로 만든 휘장, ❷ 염소 털 휘장, ❸ 붉게 물들인 숫양 가죽, ❹ 오소리 가죽, 이렇게 네 가지 덮개들로 덮는다. 가늘게 꼰 베실로 만든 휘장은 "성도들의 의"(계 19:8)를 상징하며, "염

소" 털 휘장은 "속죄제물"을 **나타내고**(레 9:15; 16:1-34), 동시에 "적그리스도"를 상징한다(단 8:5-12). 또한 **붉게 물들인 숫양 가죽**은 희생제물이 되신 예수 그리스도의 속죄 사역을 의미한다.

- 출애굽기 26:1 - 『또 너는 가늘게 꼰 베실과 청색, 자색, 주홍색 실로 된 휘장 열 개로 성막을 만들되 정교한 솜씨로 만든 그룹들로 그것들을 만들지니라.』
- 출애굽기 26:7 - 『너는 성막 위에 덮을 것으로는 염소털로 휘장을 만들되 열한 개의 휘장을 만들지니라.』
- 출애굽기 26:14 - 『너는 붉게 물들인 숫양의 가죽으로 장막 덮는 것을 만들고 오소리의 가죽으로 위에 덮는 것을 만들지니라.』

빵을 차려 놓은 상(출 25:23-30; 37:10-16)

"오늘 우리에게 일용할 양식을 주시옵고…"

빵을 차려 놓은 상

빵을 차려 놓은 상은 "**싯딤 나무**"로 만들고 "**순금**"으로 입혔으며 둘레를 "**금테**"로 둘렀다. "싯딤 나무"는 "인성"을 상징하고, "순금"은 "신성"을 나타내며, "금테"는 "왕관"을 상징한다. 성막의 가구들 중에서 "금테"가 둘러진 가구는 "언약궤"와 "빵을 차려 놓은 상"과 "금향단"인데, 이는 순서대로 "아버지 하나님"과 "말씀이신 예수 그리스도"와 "말할 수 없는 신음으로 중보하시는 성령 하나님"을 나타낸다. 상의 규격은 길이가 2큐빗(약 0.9m), 너비가 1큐빗(약 0.5m), 높이가 1.5큐빗(약 0.7m)이다. 상의 "높이"는 자비석이 놓인 위치와 번제단 중간의 그물망의 높이와 동일하다.

빵을 차려 놓은 상에는 "열두 개"의 빵이 한 줄에 "여섯 개씩" "두 줄"로 배열되어 있다(레 24:5,6). 열두 개의 빵은 "이스라엘의 열두 지파"를 나타낸다. 광야에 차려진 성막의 "빵을 차려 놓은 상"은 하나님께서 그분의 백성을 먹이시고 돌보시는 것을 보여 준다. 출애굽 당시 하나님께서는 광야에서 이스라엘 백성을 만나로 먹이셨고, 대환란 때도 광야에서 먹이실 것이다. 또한 여섯 개씩 두 줄은 "하나님의 말씀," 곧 "성경 66권"을 상징한다.

> 상의 각 모서리에 고리가 하나씩 있는데, 모서리의 고리들은 채를 끼워 넣기 위한 것으로서 상을 운반할 때 끼워서 들고 다닐 수 있게 만든 것이다. 성막의 모든 기구들은 들고 다닐 수 있게 만들어졌다. 이것은 이 세상이 우리가 영원히 거주할 장소가 아니라는 것을 보여 준다. 우리는 본향을 향해서 이동해야 하는 "순례자"요, "타국인"이다(히 11:13). 우리에게 이 세상은 그저 스쳐 지나가는 곳일 뿐이다.

금촛대(출 25:31-40; 37:17-24)

금촛대는 "순금"으로 만들어졌다. 금촛대는 성소 안의 "유일한 빛"이고, 차려 놓은 빵과 금제단에 빛을 비춘다. 이것은 하나님의 말씀을 읽고 묵상할 때 조명을 주

금촛대

시고, 기도를 도우시는 성령님을 예표한다. 가운데 촛대와 그 촛대 양쪽으로 세 가지씩 나온 여섯 가지가 일곱 개의 불을 밝히는 모습은 "성령님"께서 "<u>일곱 영</u>"이라는 사실을 보여 준다(계 3:1; 4:5, 사 11:2).

<u>성막의 촛불은 계속 켜져 있어야 하며 절대로 꺼져서는 안 된다</u>(레 6:13; 24:2). 이것은 성령님께서 그분의 성도들과 영원히 함께하신다는 사실을 예표한다(요 14:16). 그리스도인들은 영원히 함께하시는 성령 하나님의 조명을 받아서 하나님의 말씀을 깨닫는 삶을 살아야 하고, 내주하시는 성령님을 슬프게 하지 말아야 한다(엡 4:30).

금향단(출 30:1-10; 37:25-29)

금향단은 "<u>싯딤 나무</u>"로 만들고 "<u>순금</u>"으로 입혔으며 둘레를 "<u>금테</u>"로 둘렀다. 번제단은 "놋"을 입힌 반면에 향제단은 "금"을 입혔다. 규격은 길이와 폭이 각각 1큐빗(약 0.5m)이고 높이가 2큐빗(약 0.9m)이다. 놋제단의 그물망과 자비석이 놓인 위치보다 0.5큐빗(약 0.2m) 더 높다. 금향단은 반듯한 네모 모양이다. 놋제단과 마찬가지로 "네 개의 뿔"이 있으며, 일 년에 한 번씩 속죄제의 피로 이 뿔들 위에 속죄를 해야 했다(출 30:10).

금향단 위에는 금향로가 있고, 제사장은 숯불로 가득 찬 향로 위에 향을 놓아 향 연기가 언약궤 위에 있는 자비석을 덮게 했다(레 16:12,13). <u>성소에서 피워지는 향은 성도의 기도를 상징한다</u>(시 141:2, 눅 1:9,10, 계 5:8; 8:4). <u>금향단의 불은 놋제단에서 가져와야 한다</u>(레 9:24, cf. 레 10장, 나답과 아비후). 이것은 "성도의 기도"가 갈보리 십자가의 보혈을 근거로 드려져야 한다는 사실을 보여 준다.

금향단에 불로 피워야 할 향은 "약제사의 기술에 따라"(출 30:35) 제조되어야 하는 아주 특별한 향이었으며, 그것과 같은 것을 자신을 위해 만드는 자는 이스라엘 백성으로부터 끊어졌다(출 30:38). 하나님께서 "지시하신 향을," "지시하신 방법대로" 만들어, "지시하신 목적을" 위해 사용하지 않는 자는 죽임을 당했는데, 이것은 성막이 아닌 개인을 위해 향을 만들 듯이 자신을 위해 이기적으로 드리는 기도는 주님께 받아들여지지 않는다는 점을 보여 준다. 참으로 감사한 일은, 지금 이 시대에 하나님께서는 그분의 뜻과는 반대로 잘못된 동기와 잘못된 방법으로 잘못된 내용을 기도하는 그리스도인들을 죽이시지 않는다는 사실이다. 주님의 뜻대로 기도하지 않는 사람마다 죽어야 한다고 생각해 보라. 하나님께서 그렇게 하시지 않는 것이 얼마나 감사한 일인가?

휘장(출 26:31-33)

휘장은 "성소와 지성소를 나누고 있는" 두꺼운 막으로서 청색, 자색, 주홍색 실과 정교한 솜씨로 가늘게 꼰 베실로 만들었고, "정교한 그룹들"이 넣어져 있으며, 네 개의 은받침 위에 있는 네 개의 기둥에 걸어져 있다.

예수님께서 십자가에서 죽으셨을 때 성소와 지성소를 가로막는 휘장이 찢어졌다(마 27:50,51). 휘장이 찢어짐으로써, 율법 시대에는 일 년에 한 번 대속죄일에만 대제사장이 혼자 들어갈 수 있었던 지성소로 누구나 들어갈 수 있는 길이 활짝 열리게 되었다. 찢겨진 휘장은 구원받은 성도가 셋째 하늘 지성소에 계신 하나님께로 직접 나아갈 수 있도록 하시기 위해 찢겨진 예수 그리스도의 몸을 상징한다(히 10:19,20).

언약궤(출 25:10-22; 37:1-9)

언약궤는 "싯딤 나무"로 만들고 "순금"으로 입혔으며 주위를 "금테"로 둘렀다. 싯딤 나무(인성)에 순금(신성)을 입힌 모습은 "물"(인간으로서의 본성)과 "피"(행 20:28, 하나님의 피, 하나님으로서의 본성)로 오신 "예수 그리스도의 이

이 상자처럼 생긴 "궤" 안에는 돌판(십계명)과 아론의 싹 난 지팡이, 그리고 만나가 담긴 작은 항아리가 있다.

언약궤와 자비석

중적인 본성"을 예표한다(요일 5:5,6, 딤전 3:16). 언약궤의 규격은 길이가 2.5큐빗(약 1.1m), 너비와 높이가 모두 1.5큐빗(약 0.7m)이다.

"하나님의 나타나심"을 예표하는 언약궤 안에는 "만나를 담은 항아리"와 "십계명이 새겨진 돌판"과 "아론의 싹 난 지팡이"가 들어 있었다(히 9:4). 언약궤 위에는 "자비석"이 놓여 있었으며, 자비석 양쪽 끝에는 서로 마주보고 있는 "그룹들"이 있어서 그 그룹들이 자비석 위를 덮었다. 자비석은 성막 뜰의 놋제단의 그물망과 "같은 높이"로 되어 있다(출 37:1; 27:1,5). 성막 뜰에 서서 그 그물망으로부터 성막 쪽을 향해 일직선을 그어 볼 경우, 휘장이 열려 있다면 그물망 위에 불타고 있는 양을 통과하여 "같은 높이"에서 하나님의 임재를 볼 수 있을 것이다. 이것은 "번제물로 드려진 어린양"을 통하지 않고서는 "하나님의 임재"를 볼 수 없다는 사실을 보여 준다. **『예수께서 그에게 말씀하시기를 "나는 길이요 진리요 생명이라. 나로 말미암지 않고는 아버지께로 올 사람이 아무도 없느니라』**(요 14:6). 하나님께서 성막을 만들라고 명령하시고, 그에 대한 지침을 주셨을 때 가장 먼저 지시하신 것은 "언약궤"였다. 이러한 사실은 우리가 하나님께 가까이 가려면 먼저 하나님의 편에서 그 일을 시작해야 한다는 것을 보여 준다(요일 4:10,19).

지성소는 성막에서 하나님께서 임재하시는 장소였다. 둘째 성막이라 불리는 이곳은 대제사장이 일 년에 한 번 들어가는 곳이었다(대속죄일, 히 9:7). 주님께서는 그곳 지성소의 자비석 위에 계시겠다고 말씀하셨고, 자비석은 언약궤 위

그룹들 사이에 놓여 있었다. 그래서 주님께서는 "그룹들 사이에 거하시는" 분이라 불리셨다(삼상 4:4, 왕하 19:15, 시 80:1; 99:1, 사 37:16). 지성소 안에는 촛불이 없지만 결코 칠흑같이 어둡지 않다. 왜냐하면 지성소 안에 계신 하나님께서 빛이시기 때문이다(요일 1:5).

제사장은 매년 지성소에 들어가서 피를 뿌리지만 지성소는 피로 더럽혀져 있지 않다. 대제사장이 다음 해에 다시 들어가 보면 거기에는 지난해에 뿌렸던 핏자국이 없다. 지성소에 피가 없고 깨끗한 이유는 무엇인가? 자비석에 뿌려진 피를 하나님께서 친히 정결케 하신 것이다. 대제사장이 피를 뿌리고 나가자마자 하나님의 영광스러운 빛이 그 피를 깨끗이 닦은 것이다(사 1:18). 피는 더럽히지 않고 정결케 한다. 정결케 하는 피가 지성소를 더럽힐 리가 없다. 예수 그리스도의 피는 우리의 양심까지도 정결케 한다(히 9:14, 요일 1:7).

대제사장은 해마다 지성소에 들어갈 때 두려움에 사로잡혔다. 짐승의 피를 취해서 자비석에 뿌리고는 물러서서 절하고 나와서 "걸음아 날 살려라!" 하고 달아나곤 했다. 그러나 지금은 하나님께서 임재하시는 지성소로 나아가는 것을 두려워할 필요가 없다. 왜냐하면 그 일에 관한 모든 것이 예수 그리스도에 의해 이미 완전히 처리되었기 때문이다. 『이 분은 한 번의 속죄제를 영원히 드린 후 하나님의 오른편에 앉으셔서』(히 10:12). 참고로 성막에는 앉을 곳이 없었다. 의자와 같이 휴식을 취할 수 있는 장소가 없었다. 제사장들은 피곤해도 앉지 못하고 계속 서서 섬겨야 했다(히 10:11). 계속 서서 섬긴 이유는 구약의 어떤 제사로도 온전케 할 수 없었기 때문이다. 그러나 마침내 한 위대하신 제사장께서 성막에 들어가셔서 일을 마치시고 앉으셨다. 그분은 우리의 대제사장이신 주 예수 그리스도이시다. 『친히 우리의 죄들을 정결케 하시고, 높은 곳에 계신 위엄 있는 분의 오른

편에 앉으셨으니』(히 1:3).

예수 그리스도께서 숨을 거두셨을 때 휘장은 둘로 찢어졌고, 지성소가 모습을 드러냈다(마 27:50,51). 그렇게 함으로써 어떤 그리스도인이라도 하나님의 임재 앞에 담대히 나아갈 수 있는 "새롭고 살아 있는 길"이 열리게 된 것이다. 『**그러므로 형제들아, 우리가 예수의 피로 인하여 담대하게 지성소에 들어가나니, 그가 우리를 위해 바치신 새롭고 살아 있는 길로 휘장, 곧 그의 육체를 통하여 들어가느니라**』(히 10:19,20).

이스라엘 자손들은 하나님께서 모세에게 명령하신 모든 것대로 성막을 완성했고, 주님께서는 모세에게 출애굽한 지 둘째 해가 시작되는 첫째 달 첫째 날에 성막을 세우라고 명령하셨다. 모세는 주님의 명령에 순종하여 그대로 행했는데(출 40:17-33), 출애굽기 40장에는 『**주께서 모세에게 명령하신 대로더라.**』(19,21,23,25,27,29,32절)라는 말씀이 "일곱 번" 언급된다. 다시 말해 모세는 "완벽한 순종"을 행했던 것이다. 드디어 성막이 세워졌다. 그러자 구름이 회중의 장막을 덮었고 하나님의 영광은 성막을 가득 채웠다(출 40:34). 이제 성막은 이스라엘과 함께 거하면서 이스라엘을 인도하게 된다. 『낮에는 주의 구름이 성막 위에 있고 밤에는 불이 그 위에 있어 그들의 모든 여정을 통하여 이스라엘의 온 집 앞에 있더라』(출 40:38).

■ 새롭게 깨달았거나 적용할 내용이 있다면 적어 보세요. ■

NOTES

제3과
솔로몬 성전 :
그가 내 이름을 위하여 한 집을 지을 것이요

『그가 내 이름을 위하여 한 집을 지을 것이요, 나는 그의 왕국의 보좌를 영원히 견고하게 하리라』(삼하 7:13).

솔로몬 성전

하나님께서는 솔로몬을 "안식의 사람"이라 칭하셨고, 그가 다스리는 시대에 모든 원수들로부터 "화평과 평안"을 주겠노라 약속하셨으며, 또 그렇게 행하셨다(대상 22:9,10). 이것은 안식과 화평의 왕국인 "천년왕국"을 예표하고 있으며, "화평의 통치자"(사 9:6)로서 다스리실 예수 그리스도에 대한 그림을 보여 주고 있다. 이런 점에서 "다윗의 아들" 솔로몬은 천년왕국 때 메시아 왕의 예표이기도 하다. 뿐만 아니라 솔로몬이 다스린 영토 또한 천년왕국의 모습을 예표하고 있다(왕상 4:20,21, cf. 창 15:18-21; 22:17). 따라서 에스겔서에 묘사된 천년왕국 성전과 비교할 때 크기와 규모가 정확히 일치하는 것은 아니지만, <u>솔로몬이 세운 성전은 천년왕국 성전을 예표하고 있는 것이다.</u>

성막과 언약궤의 역사

하나님께서는 모세에게 하늘 성소의 원형을 따라 성막과 언약궤를 만들게 하셨고(출 25:9,10) 그곳에서 교제하기를 원하셨다(출 25:22). 이처럼 광야의 성막은 "하나님의 임재"의 장소였다. 하지만 이스라엘은 광야에서 생활하고 있었기 때문에 "하나님의 임재"의 장소였던 성막은 한 곳에 머물지 못하고 계속 이동해야 했다.

이스라엘 진영의 중심에 있던 광야의 성막(민 1:52-2:34)은 이제 여호수아와 함께 요단을 건너 "길갈"로 이동한다(수 4:19; 5:8-10). 정복 전쟁 이후 여호수아는 에프라임의 "실로"에 회중의 성막을 세웠으며(수 18:1; 19:51, cf. 22:9,10), 그 후로 언약궤는 "실로"에서 "세겜"으로(수 24:1,26), 또 "미스페"로(판 20:1,26-28) 이동했다. 하지만 재판관들의 마지막 때에 성막은 다시 "실로"로 돌아온다(판 21:19, 삼상 1:3,7).

언약궤를 필리스티아에게 빼앗기고(삼상 4:21,22) 다윗이 예루살렘에 세운 장막으로 그 궤를 옮겨오기까지(대하 1:4), "성막과 언약궤"는 같은 장소에 있지 못했다. 특히 사울의 때에 성막은 "놉" 땅에(삼상 21,22장) 있었고, 언약궤는 "기브아에 있는 아비나답의 집"에 따로 있었다(삼상 7:1; 14:2,18, 삼하 6:4).

다윗의 때와 솔로몬이 성전을 건축하기 전까지는 성막이 "기브온" 산당에 있었고(대상 16:39; 21:29, 대하 1:2,3, 왕상 3:4, cf. 왕상 3:15), 언약궤는 가드인 오벳에돔의 집에서 "예루살렘"에 세운 다윗의 장막으로 옮겨진다(삼하 6:17, 대상 15:1).

통일 왕국과 성전 건축

다윗이 아닌 솔로몬에게 허락된 성전 건축

안정된 통일 왕국을 이룬 다윗은 이제 "언약궤가 있는 성전"을 건축하려는 마음을 갖는다(삼하 7:1,2). 하지만 하나님께서는 "전쟁으로 피를 많이 흘린"(대상 28:3) 다윗 대신, 그의 아들 솔로몬에게 성전 짓는 것을 허락하신다(삼하 7:12,13, 대상 22:7,8).

이에 솔로몬은 왕국을 번성케 하고, 성전을 건축함으로써 하나님 앞에서 "영광이 이스라엘에게서 떠나 버린"(이카봇) 이스라엘을 온전히 회복시킨다. 이러한 모습은 예수 그리스도께서 천년왕국에서 "화평의 통치자"로서 다스리시는 것에 대한 예표가 된다.

1. 성전 건축을 위한 준비

성전의 구조와 각종 기명들에 대해 필요한 모든 것들을 하나님께서 이미 다윗에게 그의 영으로 알게 하셨고(대상 28:11-19), 다윗은 건축에 필요한 모든 재료들을 어린 솔로몬을 위해 준비했으며, 백성들도 기꺼이 드리도록 함께 예비시켰다(대상 29:1-9). 그럼에도 다윗은 이 모든 것을 주신 분은 주님이시며, 모두가 주님의 것이라며 영광을 돌린다(대상 29:16).

2. 성전 건축의 시작과 공사 기간

"솔로몬 통치 4년 둘째 달"(시브 월)에 시작된 성전 건축은(왕상 6:1, 대하 3:2), "7년"여의 세월이 소요되어 완공된다(왕상 6:38). 하지만 자신의 궁을 짓는 데는 무려 13년이란 긴 시간을 쏟아 부었다(왕상 9:10).

3. 성전의 위치

솔로몬 성전은 예루살렘의 "모리야 산"에 지어졌는데, 이곳은 아브라함이 이삭을 제물로 바쳤던 곳으로(창 22:2), 다윗이 여부스인 오르난의 타작마당에 예비했던 곳이다(대하 3:1, 대상 21:28-30). 솔로몬 성전 이후 스룹바벨과 헤롯 성전도 이곳에서 재건된다. 하나님께서는 지상에 세워지는 성전의 위치로 다른 곳을 말씀하신 적이 없다.

4. 투입 인력

솔로몬은 성전 건축을 위해 두로 왕 히람의 건축자들과 석공들을 데려와 솔로몬의 건축자들과 함께 일하게 했다(왕상 5:18). 특히 성전의 모든 놋 기구들은 납달리 지파 과부의 아들이며, 아버지가 두로 사람인 히람(두로 왕 히람과 동명이인, 놋 기술자)을 통해 만들어졌다(왕상 7:14). 뿐만 아니라 솔로몬은 3만 명의 일꾼들을 매달 1만 명씩 번갈아 레바논으로 보냈으며(왕상 5:13,14), 짐꾼이 7만 명, 채석공이 8만 명, 감독자가 3,300명에 이르는 실로 엄청난 공사를 진행했다(왕상 5:15,16).

솔로몬 성전과 기명들

솔로몬 성전의 안뜰과 바깥뜰

솔로몬 성전은 성막과 마찬가지로 "성소와 지성소와 뜰"로 구분되어 있었다. 그 뜰은 다시 "안뜰"과 "바깥뜰"로 나눠지는데, 바깥뜰은 성전뿐 아니라 왕궁 전체를 둘러싸고 있었기 때문에 사실상 안뜰까지만 성전 구역으로 볼 수 있다. 안뜰은 "제사장들의 뜰"(대하 4:9) 또는 "윗뜰"(렘 36:10)이라고도 불렸는데, 이는 솔로몬 성전이 예루살렘 동쪽 면의 북쪽 언덕에 위치했고, 그 바로 아래 남쪽에 왕궁이 위치해 있었기 때문이다.

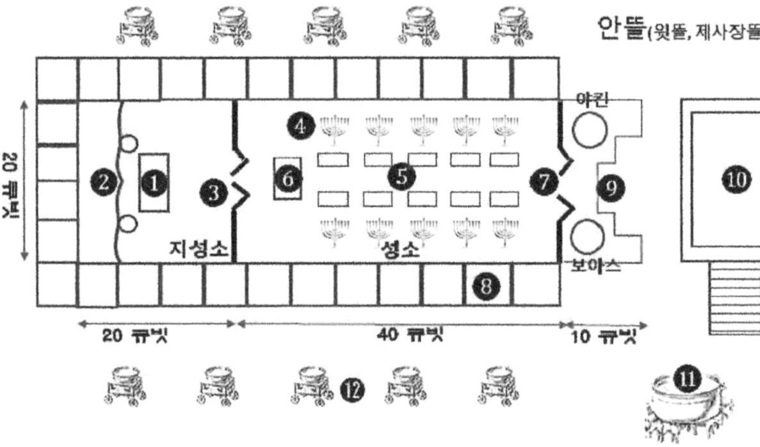

❶ 언약궤(왕상 6:19)
❷ 그룹들(왕상 6:23~28)
❸ 지성소의 문들(왕상 6:31~32)
❹ 금촛대(대하 4:7)
❺ 빵을 차려놓은 상(대하 4:8)
❻ 금제단(왕상 6:22, 대하 4:19)
❼ 성소의 문들(왕상 6:33~35)
❽ 방들(왕상 6:5~6,8)
❾ 현관(왕상 7:15~22)
❿ 번제단(대하 4:1, 8:12)
⓫ 바다(대하 4:2~5)
⓬ 물대야와 받침(왕상 7:27~39, 대하 4:6)

1. 성전 건물

전의 크기는 너비와 길이와 높이가 각각 20×60×30큐빗이었고(왕상 6:2, cf. 성막 10×30×10큐빗), 빛이 새어 들어올 수 있도록 "창문들"이 만들어졌다(왕상 6:4). 성전 주위에는 ❽ "방들"이 둘러 있는데, 모두 3층으로 되어 있다(왕상 6:5,6). 현관은 너비와 길이가 20×10큐빗이다. 현관에는 놋으로 만든 ❾ "두 기둥"이 있는데, 각 기둥의 높이는 18큐빗이고, 거기에 5큐빗 크기의 기둥머리가 올려졌다. 오른편 기둥을 "야긴", 왼편 기둥을 "보아스"라 불렀다. 성전 안의 벽 재료는 목재로서 금으로 입혔고 돌은 쓰지 않았다(왕상 6:15-18). 또한 성전 건물은 채석장에서 미리

다듬어 온 돌들로 지어졌기에, 건축할 때 전 안에서 망치나 도끼 같은 철 연장 소리가 들리지 않았다(왕상 6:7).

2. 지성소

지성소 안에 ❶ "언약궤"와 ❷ "두 그룹"이 있는 것은 성막과 동일한데 다른 점은 솔로몬 성전에 있는 그룹의 크기가 더 크다는 것이다. 그룹의 키는 10큐빗이고, 날개는 각각 5큐빗으로 두 그룹의 양 날개가 펼쳐져 있어 지성소 이쪽에서 저쪽까지 그룹의 날개로 가득 찼다(왕상 6:23-28). 지성소와 성소를 나누는 것은 광야의 성막처럼 휘장이 아니었으며, 성소 입구와 마찬가지로 "접히는"(folding) 구조로 되어 있고 올리브 나무로 만들어 금으로 입힌 ❸ "두 문"이었다(왕상 6:31-35). 늘 이동해야 하는 성막의 언약궤와는 달리, 솔로몬 성전에 들어간 언약궤는 더 이상 이동해야 할 필요가 없었기 때문에 궤를 옮기는 채를 뽑아내었다(왕상 8:8).

> 에스겔 40-44장에 예언되어 있는 천년왕국 성전에는 언약궤, 금촛대, 금향단, 물대야, 빵을 차려 놓은 상뿐 아니라 휘장도 없다. 천년왕국 시대에는 예수 그리스도께서 직접 통치하시기 때문이다. 그런데 초림 당시의 헤롯 성전에는 휘장이 존재했는데, 이것은 주님의 몸이 찢기실 때 찢어질 수 있도록 하나님께서 섭리 가운데 간섭하신 것이다(마 27:51).

3. 성소

성소 안의 벽들도 지성소와 마찬가지로 "꽃과 그룹들, 종려나무" 등으로 장식하고, 금으로 덮었다(왕상 6:29,30). 성소에는 광야의 성막과 동일하게 ❹ "**금촛대**"와 ❺ "**빵을 차려 놓은 상**"과 ❻ "**향제단**"이 있었다. 성막과 다른 점은 "빵을 차려 놓은 상"과 "금 촛대"가 좌우로 5개씩 총 10개이다(대하 4:7,8). 성소에서 현관으로 나가는 출입구도 ❼ 전나무로 만든 "두 문"이 "접히는"(folding) 구조로 되어 있다(왕상 6:33-35).

4. 안뜰

안뜰에는 거대한 ❿ "번제단"이 있는데, 그 한 면이 성소의 너비와 같다(20×20×10큐빗, 대하 4:1). 현관에서 내려오면 현관 폭과 같은 너비에, 두 사람 키 정도 높이의 대형 놋제단을 보게 된다. 계단으로 올라가야 했던 이 번제단은 한 번에 여러 마리를 제물을 바칠 수 있게 만들었다(cf. 성막 5×5×3큐빗, 출 38:1).

안뜰의 동남쪽에는 지름이 10큐빗, 높이가 5큐빗인 ⓫ "바다"가 있어 최대 3,000 밧의 물을 담을 수 있다(왕상 7:23-26,39, 대하 4:5). 바다는 3마리가 한 그룹이 된 놋 수소 12마리가 각각 동서남북 네 방향에서 받치고 있었다. 물대야와 달리 이것은 제사장들이 씻기 위한 용도로 사용되었다(대하 4:6).

성소에 촛대와 상이 오른쪽과 왼쪽으로 각각 5개씩 있듯 ⓬ "물대야"도 5개씩 좌우에 배치되어 있다(대하 4:6). "물대야"는 네 바퀴와 판이 있는 "받침"위에 올려져있었다(왕상 7:27-30). "물대야"에는 번제물로 드리는 것들을 씻게 했는데(대하 4:6), 그 수가 성막 보다 많은 것은 그보다 훨씬 더 많은 제물들이 그 당시에 드려졌음을 보여 준다. 또한 "10"은 이방인의 숫자로서 천년왕국 통치하에서 모든 이방인들이 의로 통치하실 주님께 경배드리기 위해 성전에 올 것을 보여 준다(시바 여왕).

■ 새롭게 깨달았거나 적용할 내용이 있다면 적어 보세요. ■

솔로몬 성전의 역사

1. 성전을 향한 열성과 이스라엘의 번영

솔로몬의 성전 건축 이후 하나님의 임재 장소는 이제 성막에서 성전이 되었다. 유다의 선한 왕들은 성전과 율법에 열심을 냈고, 하나님께서는 그때마다 이스라엘과 함께하셨으며, 또한 그 왕국을 보존하셨다[아사(대하 14:2-5), 여호사밧(대하 17:6-9), 요아스(대하 24:4-14), 요담(대하 7:3), 히스기야(대하 29-31장), 요시야(대하 34장)].

2. 우상 숭배와 성전 파괴

> 하나님께 지혜를 구했던 솔로몬 왕은 이스라엘의 최전성기를 누리면서 잠언 3,000편과 1,005편의 시를 지었다(왕상 4:32). 이와 같은 그의 명성과 권세와 지혜는 약 2,000km나 떨어진 아라비아 반도 남서부에 위치한 시바 여왕이 찾아오게 할 만큼 위대했다.

솔로몬은 이방 여인들과 우상 숭배로 인해 그의 마음이 하나님에게서 떠나게 된다(왕상 11:1-4). 결국 그의 아들 "르호보암" 때에 "이집트 왕 시삭"의 공격으로 인해 성전의 모든 보물들을 빼앗기고 만다(왕상 14:25,26).

유다 왕 "아하스"는 다마스커스에 있는 제단의 모양을 따라 큰 제단을 세우고, 성전의 제단과 물대야와 바다를 받치던 소들을 한쪽으로 치워 버렸다(왕하 16:10-17, cf. 대하 28:24,25). 이후 "므낫세"는 성전 안에 우상의 형상과 제단들을 세웠다(대하 33:3-7). 결국 "여호야김"과 "여호야긴" 그리고 유다의 마지막 왕 "시

드기야"에 이르기까지 "바벨론 왕 느부갓넷살"의 세 차례 침공으로 인해 성전의 기명들은 약탈되고 파괴되었으며, 성전과 성읍들이 불태워졌다.(대하 36장, cf. 왕하 24,25장).

예루살렘에는 비록 세 번에 걸쳐 성전이 세워졌으나, 세 차례에 걸친 성전 파괴의 아픈 역사도 함께 지니고 있다(솔로몬 성전, 스룹바벨 성전, 헤롯 성전). 결국 이스라엘의 영적 타락은 이처럼 성전 파괴와 왕국의 멸망으로 이어졌다.

솔로몬 성전은 광야의 성막에 이어 하나님께서 거하시는 장소가 되었다. 구약에서의 성막과 성전은 하나님의 임재를 시각적으로 보여주는 장소였다. 하지만 예수 그리스도의 죽으심과 부활하심으로 인해 이 땅에는 새로운 성전이 세워졌는데(요 2:19, 고전 3:16), 바로 하나님의 자녀들인 "그리스도인들의 몸"이 성령께서 거하시는 성전이 되었다(고전 6:19). 따라서 성도가 세상과 주님 사이를 오가며 타락의 길을 걷는다면, 그의 결말은 성전이 파괴된 이스라엘과 같은 꼴이 될 것이다(딤전 1:20). 그렇기 때문에 거듭난 성도가 자신의 몸이 하나님의 임재의 장소임을 깊이 인식함으로써, 자신의 몸을 이 세상과 일치시키지 말아야 한다. 하나님께 거룩한 산 제물로 드림으로써(롬 12:1,2) 하나님을 기쁘시게 하는 삶을 살아야만 하는 것이다.

■ 새롭게 깨달았거나 적용할 내용이 있다면 적어 보세요. ■

NOTES

NOTES

제4과

스룹바벨 성전과 헤롯 성전의 역사

『"페르시아의 코레스왕이 이같이 말하노라. 하늘의 **주** 하나님께서 세상의 모든 왕국들을 내게 주시고 내게 명하여 유다 예루살렘에 있는 전을 그를 위하여 건축하라 하셨도다』(스 1:2).

솔로몬 성전 파괴 이후

유다가 포로로 잡혀감에 따라서 유대인들의 생활에는 커다란 변화가 생겼다. 솔로몬 성전이 지어진 이후에 유대인들은 솔로몬 성전에서 경배를 드려야 했는데, 성전이 파괴되었기 때문에 하나님께 경배를 드릴 장소가 없어진 것이다. 비록 유다가 타락했어도 성전 경배는 계속 유지되었었는데, 이제는 솔로몬 성전이 파괴되었기 때문에 어디에서도 경배할 수가 없게 된 것이다.

스룹바벨 성전

1. 이스라엘의 귀환

1) <u>코레스 왕의 칙령(스 1:1-4)</u>

B.C. 536년 페르시아의 코레스 왕 제1년에, 코레스 왕은 유대인들에게 예루살렘으로 돌아가서 하나님의 전을 건축하라는 칙령을 내린다. 하나님께서는 이스라엘을 첫 번째로 회복시키는 일에 쓰실 왕인 "코레스"라는 구체적인 이름을 그 사람이 태어나기 250년 전에 미리 말씀하셨다(사 44:28; 45:1. 참조 - 왕상 13:2, "요시야"의 이름 역시 그의 탄생 300년 전에 언급함).

유다가 바빌론으로 사로잡혀온 지 70년이 되자 예언이 성취되었다. 『주가

이같이 말하노라. 바벨론에서 칠십 년이 차면 내가 너희를 찾아오리니 너희를 향한 나의 선한 말을 실행하여 너희를 이곳으로 돌아오게 하리라』(렘 29:10). 1917년 밸푸어 선언과 비교해 보면, "코레스 = 영국 조지 5세 = 이방인 왕" 그리고 "페르시아 = 영국 = 다니엘 7:4,17"의 관계가 형성된다.

코레스의 칙령에 따라, 하나님의 전을 위해 필요한 물품들을 구비했다(스 1장). 제물과 은, 금, 물건들, 짐승들, 보물들을 지원했으며, 느부갓넷살이 탈취한 주의 전의 기명들을 보냈다. 금그릇 30개, 은그릇 1,000개, 칼 29자루, 금대야 30개, 2등급 은대야 410개, 다른 기명들 1,000개, 금과 은으로 만든 모든 기명들이 5,400개였다(벨사살이 잔치에서 사용한 기명들까지).

2) **1차 귀환**

성전을 건축하기 위해 약 5만 명의 백성이 모였다. 그중에는 일반 백성들, 제사장들, 레위인들, 솔로몬 신하들의 자손들, 노래하는 자들, 그밖에 종들이 포함되었다.

스룹바벨은 총독(학 1:14)으로 예수 그리스도의 계보에 속한다(마 1:12, "코니야의 손자"). 회복되는 이스라엘의 통치자는 다윗 왕의 혈통에 속해야 하는데 이는 하나님께서 다윗의 언약을 기억하고 계시기 때문이다. 하나님께서는 스룹바벨을 『**인장같이**』 회복시키시어(학 2:23), 포로에서 돌아온 유대인들의 통치자로 세우신다(학 1:1). 그러나 여코냐의 계보에 속하기 때문에, 그나 그의 자손은 예루살렘의 왕이 될 수는 없다(렘 22:28-30). 그럼에도 스룹바벨은 하나님께서 "택하신 인장"으로써 예수 그리스도의 예표가 된다(슥 4:7-10).

예수아는 대제사장(슥 6:11)이다. "예수아"와 "여호수아"라는 두 이름이 갖는 공통점은 유대인들을 약속의 땅으로 인도했다는 점이다. 모세의 뒤를 이어 이스라엘을 이끈 지도자(여호수아)와 회복된 이스라엘의 지도자(예수아)는 예수 그리스도의 예표가 된다. 예수 그리스도께서 재림하시면 유대인들을 그 땅에

완전히 정착시키시고 온전한 왕국을 세우실 것이다.

스룹바벨과 여호수아는 성전 재건에 매우 중요한 역할을 한다. 스가랴 4:9에서 스룹바벨이 성전의 기초를 놓고 완공했다. 그래서 이 성전을 "스룹바벨 성전"이라고 부른다.

2. 성전 건축

1) 성전이 세워질 장소에 제단을 먼저 세움(스 3장)

모세의 율법에 기록된 대로(신 12:5,6) 번제를 드리려고 제단을 세웠다. 일곱째 달에는 나팔절과 장막절이 있으므로(레 23:24,34), 성전의 기초가 아직 놓이기 전에, 번제를 드리며 장막절을 지켰다(스 3:6).

2) 성전의 기초를 놓음(스 3:8-13)

예루살렘에 온 지 2년째 되던 해, 아홉째 달 이십사일에 성전의 기초를 놓았다(학 2:18). 첫 번째 전(솔로몬 성전)을 보았던 나이 많은 제사장들과 레위인들과 족장들 중 많은 사람들이 큰소리로 울었다. 이는 이전의 찬란한 영광과 대비되면서 느끼는 감정이었다(대하 12:9,10, 또 하나의 "이카봇"). 다른 많은 사람들은 기뻐서 크게 소리를 지르기도 했다. 백성들이 기뻐서 지르는 소리와 울음소리를 분간할 수 없을 지경이었다.

3) 대적들이 성전 건축을 방해함

앗시리아가 북왕국을 멸망시킨 이후 혼혈 민족인 사마리아인들과 암몬, 모압의 자손들이 스룹바벨과 족장들에게 찾아왔다(스 4장). 앗시리아는 북왕국 이스라엘을 사로잡아 간 후, 다른 이방 민족들을 북왕국 지경으로 이주시켰다. 『**우리를 이곳으로 데려온 앗수르의 에살핫돈왕**』(스 4:2). 모압과 암몬 자손은 자신들도 하나님을 찾으며 희생제사를 드렸기에 성전 건축에 참여할 자격이 있다고 주장했다(스 4:2). 그러나 그들은 하나님과 이방 신들을 함께 섬겼던 자들이다(왕하 17:24-41).

스룹바벨은 성별하지 않은 이방 민족들을 성전 건축에 참여시키지 않았다(스 4:3). 여기서 우리는 자신이 마땅히 드려야 할 경배에 다른 사람의 손을 빌린다면 자기가 해야 할 일의 몫을 다하지 않게 될 뿐만 아니라, 하나님께서 그 경배를 기뻐 받으시지 않는다는 교훈을 얻을 수 있다.

대적들은 페르시아 왕에게 예루살렘에서 성전을 짓는 유다 백성들을 고발했다. 유다 백성들은 코레스 왕의 명에 따라 "성전"을 건축하고 있었지만, 대적들은 유다 백성들이 "성읍을 건축하여 그 성벽을 세웠다"고 거짓말했다. 에스라 4:9의 거민들을 "사마리아인"이라고 불렀지만, 그들은 사마리아가 아닌 바빌론, 앗시리아, 페르시아로부터 온 자들이다. 이들은 나라의 세입과 왕을 걱정하는 것이 아니라(스 4:13), 그저 건축을 중단하게 하려는 목적이 있었을 뿐이다(스 4:2). 결국 아탁세르세스 왕의 칙서에 따라 성전 공사가 중단되었다(페르시아의 다리오 왕 제2년까지 약 15년간 중단됨).

4) <u>하나님의 선지자들이 등장하여 성전 건축을 독려함</u>

선지자인 학개와 스카랴가 이스라엘 백성들을 향해 예언한다. 『**오 너희들아, 이 집이 황폐하였는데 너희가 너희의 지붕 덮은 집들에 거하는 것이 합당하냐?**』(학 1:4) 『**스룹바벨의 손이 이 집의 기초를 놓았으니, 그의 손이 또한 그것을 끝내리라. 그러면 너는 만군의 주께서 나를 너희에게 보내신 줄을 알리라**』(슥 4:9). 두 선지자 모두 재림의 문맥들을 기록했기 때문에 초림과 재림에 이중 적용이 가능하다. 학개는 성전 회복을 중심으로 예언하였고, 스카랴는 예루살렘 성읍 회복을 중심으로 예언했다(슥 12-14장).

성전 건축을 중단하라는 왕의 명령을 무시하고 다시 공사를 재개했다. 하나님께서 명령하신 내용에 대해 "위에 있는 권세자"(롬 13:1)가 다른 명령을 내린 경우였기 때문에, 유대인들은 "카이사"의 명령 대신 하나님께 순종했다. 대적들이 또다시 방해 공작을 시작했으나(스 5:6), 그들이 쓴 편지가 다리오 왕에게 이를 때까지는 성전 공사를 중단시킬 수 없었다.

다리오 왕이 서고를 조사하여 코레스 왕의 칙령을 재확인했다(스 6장). 그 결과 성전을 건축하는 데 처음 칙령보다 훨씬 더 많은 지원을 받을 수 있었다. 지원 내역은 ① 높이 60큐빗(약 2m 70cm), 너비 60큐빗, 큰 돌 세 줄에 새로운 재목 한 줄, 비용 일체를 왕실에서 부담할 것, ② 성전에서 탈취했던 금과 은과 기명들을 돌려줄 것, ③ 하나님의 전은 "그 있던 자리에" 건축할 것, ④ 징수한 세금을 현지에서 신속하게 경비로 지원할 것, ⑤ 필요한 모든 물자들을 착오 없이 지원할 것이었다. 이 칙령과 더불어 이 명령들을 변경하면 누구든지 그의 집 들보를 빼내어 교수형에 처하고, 그의 집을 퇴비더미가 되게 할 것이라는 칙령을 내렸고 이에 대적들은 성전 건축에 협조했다(왕의 권위 아래 있는 자들, 스 6:13).

5) <u>하나님의 전을 완공함</u>

유대인 장로들이 건축하였으며 선지자 학개와 스카랴가 예언함으로써 공사가 순조로이 진행되었다. 『**오 유다와 너희 예루살렘 거민들아, 내게 들으라. 너희는 주 너희 하나님을 믿으라. 그리하면 너희가 견고하게 되리라. 그의 선지자들을 믿으라. 그리하면 너희가 성공하리라**』(대하 20:20). 이스라엘의 하나님의 명령에 따라 또 페르시아의 코레스와 다리오와 아탁세르세스의 명에 따라 하나님의 전이 완공되었다.

성전이 완공된 후 봉헌식을 거행했다(스 6:16). 수송아지 100마리, 숫양 200마리, 어린양 400마리, 숫염소 12마리를 제물로 바쳤는데, 솔로몬 때에 소 22,000마리, 양 120,000마리(왕상 8:36)를 제물로 바친 것에 비하면 성전의 영광이 이전보다 퇴보한 것을 알 수 있다.

또한 속죄제를 드렸는데, 개인적인 속죄제가 아니라, 이스라엘 민족을 위해 드려지는 속죄제였다. 하나님과 이스라엘 열두 지파의 정치적인 왕국 사이에 언약을 맺는 것이다(히 8:8-10, 렘 31:31). 모세의 책에 기록된 대로 제사장들과 레위인들을 세웠다.

6) <u>천년왕국 성전의 예표인 스룹바벨 성전(학 2장)</u>

학개 2:9에서 『**이 나중 집의 영광이 먼저 집의 영광보다 더 크리라.**』라고 말씀하셨는데, 문맥상 "먼저 집"은 솔로몬 성전을, "나중 집"은 스룹바벨 성전을 말한다. 학개 2:6,7에서는 하늘들과 땅과 바다와 육지를 흔들고, 모든 민족들을 진동시키실 것을 말씀하셨는데, 이는 에스겔 40-43장의 "천년왕국 성전"의 예표가 된다.

3. 성전 완공 이후 이스라엘의 귀환

1) <u>B.C. 458년 에스라를 포함한 레위인들이 2차로 귀환함</u>

에스라는 백성들에게 율법을 가르치기 위해 귀환했다. 에스라는 제사장이자 서기관으로서 율법에 관한 한 박사였다. 『**에스라가 주의 율법을 찾고 그것을 행하고 규례들과 명령들을 이스라엘에게 가르칠 것을 마음으로 준비하였더라**』(스 7:10). 에스라는 성경을 필사할 준비가 되어 있었다. 모든 서기관들이 다 "나쁜 사람들"만은 아니다. 에스라와 뛰어난 서기관 "바룩"(렘 36:26-32)과 마귀에게 사로잡힌 "요나단"(렘 37:15-20)을 보면 성경이 기록된 이래로 두 종류의 성경과 두 부류의 서기관이 있음을 알 수 있다.

아닥세르세스 왕은 성전 경배에 대한 전폭적인 지원(스 7:11-26)을 했다. 이는 "교회 국가"(Church-State)의 표본이다. 교회 국가란 사역자의 급여나 재정

지출 등의 교회의 활동을 국가에서 관장하는 것으로서 국가의 통제하에 교회가 운영되는 되는 것을 말한다. 왕을 관대하게 하시는 분은 하나님이시다(스 7:27,28).

율법을 가르친다는 것은 하나님을 향해 성별하는 것을 의미한다. 에스라 8:21의 "금식"을 보면 사람을 겸손하게 만든다는 것을 알 수 있다. 또한 하나님께서는 이방인들과의 잡혼에 대해 책망하신다. 우상 숭배, 가증한 풍습들을 백성 가운데로 들여와 죄를 지었던 자들이 있었는데, 그들 가운데는 제사장 예수아 가문에 속한 자들도 있었다(스 10:18). 이는 큰 죄악으로 유다와 이스라엘이 멸망하게 된 원인이 되었다. 이방인 아내들을 내보내라는 에스라의 명령에 백성이 복종했다(스 10장).

2) <u>B.C. 445년 느헤미야의 귀환</u>

예루살렘 성읍의 복원(성벽 재건)을 위해 귀환했다. 느헤미야의 귀환 시기는 다니엘이 예언한 70주가 시작되는 시점이다. 느헤미야는 "왕의 포도주를 맡은 자"로서 고관이었다. 제사장이나 서기관이 아니었기에, 성전과 율법에 관해서가 아니라 성읍 재건에 관한 일들을 위해 귀환했다.

첫 번째 귀환 때 유대인들이 "성읍"을 짓는다는 반대자들의 거짓 상소로 인해 페르시아 제국을 대항한 정치적인 독립이나 반역으로 오해받아 공사가 중단되었었다. 이번에는 페르시아의 왕이 그 "성읍"을 지으라고 느헤미야를 후원하였다. 성벽을 건설하면서, 성벽 건설에 반대하는 자들을 대항하여 무기를 들고 자치 방어를 할 수 있었다(느 4:13-22). 수많은 내외적인 반대에도 불구하고(느 4-6장) 성벽이 완공되었다(느 6:15).

성읍을 재건한 후, 에스라가 나아와 율법을 읽고, 에스라와 함께한 레위인들도 백성들을 가르쳤다(느 8장). 나팔절(느 8:2)과 장막절을 지켰는데(느 8:16,17), 특히 여호수아 이래로 최대 규모의 장막절이었다. 금식을 위한 대집

회를 열어 율법책을 낭독하고 조상들의 죄들을 자백하며 재발 방지를 언약했다(느 9:38). 모세의 율법 준수, 이방인들과의 잡혼에서부터 성별, 안식일과 명절들 준수, 십일조와 예물들을 지켰다(느 10장).

4. 유대인들의 불완전한 회복

1) 이스라엘의 회복은 성전과 땅이 모두 회복되는 것

성전의 회복은 유대인들이 "영적으로" 하나님 앞으로 돌아오는 것이고, 예루살렘의 회복(땅의 회복)은 정치적인 민족적 회복이다. 그러므로 1948년 이스라엘의 독립은 "회심하지 않고 돌아왔기 때문에" 완전한 유대인의 회복이 아니다. 예수 그리스도께서 재림하실 때 그분 앞에 큰 회개로 돌아올 때에야 비로소 이스라엘의 진정한 회복이 이루어진다.

2) 지도자가 잠시 자리를 비운 사이에 벌어진 일들(느 13장)

레위인들이 성전 직무를 수행하지 않고 생업으로 돌아갔다(느 13:10). 백성들이 레위인들에게 몫을 주지 않았기 때문이다. 또한 안식일을 어겼고(느 13:15-22), 이방인들과의 잡혼이 이루어졌다(느 13:25). 느헤미야는 그들을 "책망하고 저주하며, 때리고 머리털을 뽑고, 하나님으로 맹세"하게 했으며 제사장 중에 범죄자는 쫓아내 버렸다.

3) 말라기 시대에 다시 타락함

느헤미야(B.C. 434)로부터 말라기(B.C. 397)까지 37년의 세월이 흐르는 동안, 이전에 유대인들이 회심했던 흔적은 온데간데없이 사라져 버렸다. 특히 제사장들의 죄악들의 실상이 드러났다. 말라기 이후 침례인 요한의 때까지는 하나님의 직접적인 계시가 없었다.

신구약 중간사

1. 페르시아 제국 이후

페르시아의 코레스는 예루살렘과 유다에 자치 구역을 허락하였고, 그리스의 알렉산더는 큰 전쟁 없이(희생과 살육 없이) 예루살렘에 입성하였다. 이집트의 프톨레미는 유대 지역에 큰 박해를 가하지 않았다. 유다는 시리아 셀레우쿠스 왕조와 이집트 프톨레미 왕조의 싸움 길목에 위치하고 있었다.

2. 시리아 셀레우쿠스 왕조

B.C. 198년에 안티오쿠스 대제(안티오쿠스 3세)는 유다를 정복하여 시리아에 편입시켰다. 이때는 대제사장 직분, 공회를 유지하도록 허락하였고 율법 아래에서 살도록 허용했다. B.C. 170년경에 안티오쿠스 에피파네스(안티오쿠스 4세)는 유다에 많은 만행을 저질렀다. 그는 성전과 제사장직에 간섭했고, 예루살렘을 짓밟았으며, 성전을 더럽혔고, 수많은 백성들을 노예로 만들었다. B.C. 167년에는 성전에 돼지 피를 뿌렸으며, 돼지를 제물로 바침으로써 성전을 모독했다. 또한 성전 제사를 금지시켰고, 돼지고기를 먹도록 강요했다. 성전에 주피터 신을 위한 제단을 쌓았다.

3. 하스모니안 왕조

제사장 마타디아스와 그의 다섯 아들이 안티오쿠스 에피파네스의 폭정에 대항했다. 이들은 헬라주의에 대해 반대하고 시리아에 대한 독립 전쟁을 일으켰다.

마타디아스는 1년 후에 사망하였고, 유다 마카비(아들)가 계승하여 시리아와 2년간 게릴라전을 펼쳤다. B.C. 165년에 예루살렘을 탈환하고, 성전을 정결하게 하여 "재봉헌"(수전절, 요 10:22 "하누카")을 했다. 수전절은 구약에 명시되지 않은 명절이다. 유다 마카비가 전사한 후, 요나단 마카비(형제)가 제사장 겸 총독으로 임명되었다. 시몬 마카비(형제) 때인 B.C. 142년에 독립하여 이때부터 가문이 왕위를 세습하였다. 마타디아스의 아버지 "하스몬"의 이름을 따서 하스모니안 왕조라고 명명하였다. 이는 제사장의 본분에 위배되는 것이었다. 하스모니안 왕조는 B.C. 63년까지 지속되다가 로마제국으로 넘어갔다.

마카비 - 하스모니안 왕조 기간에 유대교는 세 종파가 형성되었다. ① 에세네파는 헬라화가 되는 것을 반대하고 마카비들과 분리하여 극도의 성별과 의식주의를 추구했다. 정통 유대교에서 벗어난 집단으로서 성경대로 율법을 지키지 않았다. ② 바리새파는 성전을 중심으로 마카비들과 연계한 사람들이고, 보수주의적인 성향을 지니고 있었으며, "종교적인 기득권"을 지키려 하는 자들이었다. ③ 사두개파는 현실주의적이고 헬라화 된 제사장들과 귀족들로서 부활을 비롯한 모든 영적인 것들을 부정하고 자유주의적인 성향을 지녔다. 바리새파와의 갈등과 대립을 지속했다.

그러나 바리새인들과 사두개인들은 자신들의 종교적 입지를 위해 예수 그리스도를 반대하는 일에 관해서는 서로 하나가 되었다.

4. 헤롯 가문의 통치

B.C. 63년에 로마 장군 폼페이(폼페이우스)가 예루살렘에 입성하였다. 폼페이는 이두매(에돔) 사람 안티파터에게 실질적인 권력을 주었다. 시저(카이사)가 폼페이우스를 몰아낸 뒤에도 권력을 유지했다.

안티파터의 두 아들 중 파사엘은 예루살렘 지역을 통치하고, 헤롯은 갈릴리 지역을 통치했다. 헤롯은 B.C. 37년에 로마에서 정식으로 유대의 왕관을 받았는데, 그는 "헤롯 대왕"(Herod the Great)으로 불렸다.

헤롯 성전

1. 헤롯 성전 건축 배경

잔인한 독재자 헤롯 대왕은 옥타비아누스(아우구스토, 눅 2:1) 아래에서 에돔, 유대, 사마리아, 갈릴리, 페레아(요단 동편), 갈릴리 북동쪽, 가자, 욥바 등 본래의 이스라엘 땅 전체에 이를 만큼 넓은 지역을 통치했다.

그는 유대인들의 환심을 사기 위해 B.C. 63년에 로마 장군 폼페이우스가 입성했을 당시 일부 파괴되었던 성전을 건축했다. 그 성전 외에도 극장, 경기장, 체육관, 목욕탕 등 많은 건축 사업들을 벌렸으며 예루살렘과 사마리아 도시들을 그리스-로마식으로 바꾸었다. 또한 그는 사마리아를 재건하여 "세바스테"라 칭하였고(카이사 아우구스토의 헬라식 이름인 "세바스토스"에서 차용한 것이다), "카이사랴"(카이사의 도시, 참고 - "알렉산드리아")에는 항구 도시를 조성하였다.

2. 건축 과정

B.C. 20년(재위 18년째)에 성전 개축을 시작하였고, 공사 시작 18개월 만에 본체를 15층 규모로 개축하였다. B.C. 9년에는 제단을 비롯한 주요 시설물을 완성하였다. 성전 뜰, 담, 문 등 외곽을 매우 아름답고 화려하게 꾸몄는데, 대

리석의 평균 높이는 90-120cm였고, 어떤 돌은 가로 20m, 세로 2.5m, 높이 3m에 무게가 100t에 이르는 것도 있었다. 공사는 헤롯이 죽은 이후 A.D. 64년까지 지속되었다. 1,000여 명의 제사장들을 포함하여 성전 공사에 2만여 명이 동원되었다. 요한복음 2장에 따르면, 성전을 짓는 데 46년이 소요되었다(요 2:20). B.C. 20년부터 건축하기 시작하여 예수님께서 공생애를 시작하시기 한 해 전에나 완공한 셈이다(그러나 이후로 계속 공사가 진행됨).

3. 제 역할을 수행하지 못한 성전

주 예수 그리스도의 갈보리 십자가로 인해 더 이상 성전이 필요 없게 되었다. 그러나 그 이전에 이미 대제사장 직분이 왕 또는 총독에 의해 임명되었고, 종교적인 역할보다는 정치적인 중심지로 전락해 버렸다[A.D. 30년 "드다"(행 5:36), "갈릴리 사람 유다"(행 5:37)].

■ 새롭게 깨달았거나 적용할 내용이 있다면 적어 보세요. ■

NOTES

제5과

환란 시대의 성전 : 성전은 재건될 것인가?

『그는 대적하는 자며, 또 하나님이라고 불리는 모든 것과 숭배받는 대상 위에 자신을 높여 하나님의 성전에 앉아 하나님처럼 보여 자신을 하나님이라고 하느니라』(살후 2:4).

역사책인 성경

사람들은 흔히 성경을 여타 다른 종교 경전들 중의 하나로 취급한다. 하지만 성경은 단순한 종교 경전이 아니다. 성경은 역사책이다. 그것도 미리 기록된 역사책이다. 그렇기 때문에 역사적인 관점에서 성경을 보면, 누군가의 종교적인 선택을 비롯하여 믿음, 신념, 도덕률, 선행 등과 같은 것들보다는 기록된 그 역사적 사실이 "진실"인가 "거짓"인가가 훨씬 더 중요하게 된다. 이렇게 볼 때 성경에 기록된 역사는 항상 "진실"로 드러났는데, 이 때문에 사람들은 성경을 증오하고 있다.

피터 럭크만 목사는 이와 같은 현상을 다음과 같이 설명하고 있다. "당신도 눈치를 챘겠지만 모든 지성인들이 분개하는 것은 성경에 기록된 '역사'이다. 성경이 단지 종교적인 책에 불과했다면, '세상을 더욱 살기 좋은 곳으로 만드는 것' 등에 목표를 두고 '선하게 살라고'만 쓰여 있는 현실과 동떨어진 책들과 마찬가지로 그들에게 아무런 해도 끼치지 않았을 것이다. 바로 성경에 기록된 '역사'가 극도로 예민하고, 극도로 비판적이고, 극도로 자기 의로 충만한 성경공포증환자들을 미치게 만드는 것이다." 이처럼 진실로서, 또 미리 기록된 역사로서 성경 예언의 말씀을 통해 볼 때, "대환란 시대에 성전이 재건될 것인가"라는 물음에 대한 대답은 "그렇다!"이다. 이제 곧 성전은 재건될 것이다.

대환란 기간에 재건되는 성전

1. 대환란 중간에 하나님의 성전에 앉는 멸망의 아들

『아무도 어떤 모양으로든지 너희를 미혹하지 못하게 하라. 이는 먼저 배교하는 일이 이르지 않고, 또 그 죄의 사람 곧 멸망의 아들이 나타나지 않고서는 그 날이 오지 아니함이라. 그는 대적하는 자며, 또 하나님이라고 불리는 모든 것과 숭배받는 대상 위에 자신을 높여 하나님의 성전에 앉아 하나님처럼 보여 자신을 하나님이라고 하느니라』(살후 2:3,4).

멸망의 아들은, 예수님께서 『**멸망의 아들 외에는 그들 중 아무도 잃어버리지**』 아니하였다고 말씀하신 그 한 제자, 곧 "유다 이스카리옷"이다(요 17:12). 사도행전 1:25에서 사도들은 유다 이스카리옷이 범죄함으로 떨어져 "자신의 거처"로 갔다고 말하고 있는데, 그는 "끝없이 깊은 구렁"으로 간 것이다(계 17:8).

요한계시록 9:11에서 『**끝없이 깊은 구렁의 천사**』가 올라오는데, 그의 이름은 멸망이라는 뜻을 지닌 "아바돈"(아폴루온)으로 자신의 거처로 갔던 멸망의 아들, 곧 유다 이스카리옷을 가리킨다. 대환란 기간에 멸망의 아들인 유다 이스카리옷이 『**끝없이 깊은 구렁에서 올라오는 짐승**』(계 17:7)으로 나와서, 하나님의 성전에 앉아 하나님처럼 보이는 가운데 스스로를 하나님이라고 일컫게 될 것이다.

2. 거룩한 곳에 서게 될 "멸망의 가증한 것"

『이 왕국 복음이 모든 민족에게 증거되기 위하여 온 세상에 전파되리니, 그런 후에야 끝이 오리라. 그러므로 너희가 선지자 다니엘을 통하여 말씀하신 멸망의 가증한 것이 거룩한 곳에 선 것을 보리니, (읽는 자는 깨달으라.) 그때에 유대에 있는 자들은 산들로 도망하라』(마 24:15,16).

『**멸망의 가증한 것**』이라는 말씀은, 다니엘 9:27에서 『**그는 가증함을 확산시킴으로 황폐케 하리니**』라는 적그리스도의 활동과 연결된다. 이 구절의 『**가증함**』(abomination)이란 단어는 히브리어에서 "거짓 신"을 일컫는 데 흔히 사용되는 단어로서 구약에서 "우상"과 깊은 관련이 있다. 열왕기상 11:5-7에 보면 솔로몬이 이교도 아내들이 들여온 우상 신들을 따르고 그들을 위해 산당을 지었던 것을 보는데, 성경은 여기서 『**암몬인들의 가증한 것인 밀콤**』이라든지, 『**모압의 가증한 것인 크모스**』, 『**암몬 자손의 가증한 것인 몰렉**』 등과 같은 표현을 쓰고 있다. 『**멸망의 가증한 것**』은 곧 짐승의 형상인데(계 13:15; 14:9; 16:2), 이 짐승의 형상이 대환란 기간에 거룩한 곳, 곧 성전에 서게 되는 것이다.

3. 성경에 예언된 세 번의 성전 파괴

첫 번째 파괴는 B.C. 589년 느부캇넷살에 의한 파괴이다. 『**그러나 만일 너희가 안식일을 거룩하게 하는 것과 안식일에 짐을 지지 않는 것과 심지어는 예루살렘 성문들로 들어오는 것까지 내게 경청하지 아니하면 내가 그 성문들에 불을 질러 예루살렘의 궁전들을 삼키게 하리니 그 불이 꺼지지 아니하리라**』(렘 17:27). 『**주가 말하노라. 보라, 내가 보내어 북방의 모든 족속들과 내 종**

바빌론 왕 느부캇넷살을 취하여 그들을 데려와서, 이 땅과 그곳 거민들과 그 주위의 모든 나라들을 대적하게 하고 그들을 완전히 멸하여 그들로 경악과 경멸과 영속적인 폐허가 되게 하리라』(렘 25:9). 성전 파괴에 대한 이 예언의 말씀은 느부캇넷살에 의해 역대기하 36:17-21에서 성취되었다.

두 번째는 A.D. 70년 로마의 티투스 장군에 의한 파괴이다. 『**예수께서 그들에게 말씀하시기를 "너희가 이 모든 것을 보지 못하느냐? 진실로 내가 너희에게 말하노니, 여기 돌 하나도 돌 위에 남지 않고 다 무너지리라."고 하시더라**』(마 24:2).예수님께서는 스룹바벨과 느헤미아에 의해 재건되었고 헤롯에 의해 크게 증축되었던 성전이 돌 위에 돌 하나도 남지 않고 다 무너질 것이라고 말씀하셨고, 이는 A.D. 70년 로마의 티투스 장군에 의해 그대로 성취되었다.

성전이 무너지리라는 예수님의 말씀은 A.D. 70년에 일차적으로 성취되었지만, 그렇다고 마태복음 24장의 내용이 모두 A.D. 70년에 성취되어 끝나 버린 것은 아니다. 마태복음 24장은 전반적으로 대환란 기간에 일어날 일들에 관하여 설명하고 있는 장이다. 그렇기 때문에 성전이 무너질 것이라는 말씀은 대환란 기간에 파괴될 성전에 관한 말씀에 적용되기도 한다(예언의 이중 적용).

세 번째는 대환란 기간에 멸망의 아들에 의한 파괴이다. 『**육십이 주 후에는 메시아가 끊어질 것이나 자신을 위해서가 아니요, 또 <u>장차 올 그 통치자의 백성이 도성과 성소를 파괴하리니</u> 그 끝은 홍수로 뒤덮일 것이요 그 전쟁의 끝에는 황폐함이 정해졌느니라. 그가 많은 사람들과 더불어 한 주 동안 언약을 확정하고, 그 주의 중간에 그가 <u>희생제와 예물을 금지시킬 것이요</u>, 그는 가증함을 확산시킴으로 황폐케 하리니 진멸할 때까지 할 것이며, 정해진 것이 황폐케 한 자에게 쏟아지리라." 하더라**』(단 9:26,27). 『**또 내게 지팡이 같은 갈대를 주며, 그 천사가 서서 말하기를 "일어나서 <u>하나님의 성전과 제단과 그 안에서 경배하는 자들을 측량하라. 그러나 성전 밖에 있는 뜰은 남겨 두고 측량하지 말라</u>. 이는 그것을 이방인들에게 주었으며 그들이 마흔두 달 동안 그 거룩한 도**

성을 발 아래 짓밟을 것이기 때문이라』(계 11:1,2).

다니엘 9:26,27의 『**희생제와 예물을 금지**』한다는 말씀은 대환란 기간에 유대인들이 성전 제사를 드린다는 사실을 보여 주고 있다. 그런데 이 성전은 『**또 장차 올 그 통치자의 백성이 도성과 성소를 파괴하리니**』라는 말씀에서 보듯이 대환란 기간에 다시 파괴되도록 정해져 있다는 사실도 알 수 있다.

요한계시록 11:1,2에 기록되어 있는 『**성전**』, 『**제단**』, 『**경배하는 자들**』, 『**성전 밖에 있는 뜰**』과 같은 표현들을 통해, **다니엘 9:24-27의 말씀과 동일하게** 대환란 기간에는 하나님을 향한 유대인들의 성전 제사가 다시 행해질 것이라는 사실과, 이방인들이 마흔두 달 동안 그 성전을 짓밟을 것임을 알 수 있다.

미리 기록된 역사로서 성경의 예언의 말씀대로 유대인들은 이제 곧 예루살렘에 성전을 재건하고 성전 제사를 복원할 것이다. 하지만 그 성전은 하나님과는 아무런 상관이 없으며 적그리스도를 위한 장소가 될 것이다. 그리고 재건된 성전은 결국 적그리스도와 이방인들에 의하여 더럽혀지고 파괴될 것이다(겔 7:21).

■ 새롭게 깨달았거나 적용할 내용이 있다면 적어 보세요. ■

성전이 지어질 장소는 어디인가?

1. 성전 산 지역

유대인들이 성전을 지을 장소는 과거에 솔로몬 성전이 지어졌고, 그 이후에 스룹바벨이 재건하고 헤롯에 의해 증축되었던 성전이 지어졌던 장소이다. 곧 현재 바위 돔 사원이 있는 "성전 산 지역"에 지어질 것이다.

이곳은 아브라함이 이삭을 번제로 드렸던 곳이다. 『**하나님께서 말씀하시기를 "네 아들, 곧 네가 사랑하는 네 독자 이삭을 이제 데리고 모리야 땅으로 가서, 산들 중에서 내가 네게 알려 줄 한 산에서 그를 번제로 드리라." 하시더라**』 (창 22:2).

아브라함이 이삭을 번제로 드렸던 장소는 사무엘하 24:18-25에서 다윗이 이스라엘에 대한 주의 진노를 번제로써 진정시켰던 장소이다. 이후에는 이곳에 솔로몬 성전이 들어서게 된다. 『**그후 솔로몬이 예루살렘 모리야 산에 주의 전을 건축하기 시작하였으니, 그곳은 주께서 전에 그의 아버지 다윗에게 나타나신 곳으로, 다윗이 전에 여부스인 오르난의 타작마당에 예비하였던 곳이더라**』 (대하 3:1).

현재 이슬람이 차지하고 있는 곳에 성전이 지어질 가능성이 있는가? 피터 럭크만 목사는 2001년에 이 문제가 해결될 수 있는 다섯 가지 방안을 제시했다. ① 현재 세워져 있는 이슬람 사원을 헐어내고 그 자리에 성전을 짓는다. ② 팔레스타인 자치 정부로부터 성전 언덕을 매입한다. ③ 자연 재해가 일어나 사원이 무너질 때까지 기다린다. ④ 예루살렘의 다른 장소에 성전을 짓는다. ⑤ 그리스정교 "사원"에서 예배를 드리는 이슬람교도들과 "공동 프로젝트"로 성전을 재건한다.

2. 새로운 주장

성전 위치에 대한 새로운 주장이 있다. 『**그후에 그가 나를 동쪽이 바라보이는 바깥 성소의 대문이 있는 길로 데리고 돌아가시니, 그 문이 닫히더라. 그때 주께서 내게 말씀하시더라. 이 대문이 닫히고 다시 열리지 아니하리니 아무도 그곳을 통해 들어가는 사람이 없으리라. 이는 주 이스라엘의 하나님이 그곳을 통해 들어갔음이라. 그러므로 그 대문은 닫혀 있으리라**』(겔 44:1,2). 바위 돔 사원에서 동쪽 올리브 산 방향으로 동문이 있다. 동문의 기둥들은 시바 여왕이 솔로몬 왕에게 준 선물로 전해진다. 이 동문은, 예수 그리스도께서 겟세마네로 향하는 길에 그곳을 한 번 통과하셨고(요 18:1), 이후에 붙잡히시어 카야파의 장인 안나스에게로 가실 때도 다시 한 번 통과하셨던 문으로서(요 18:12), 헤롯 성전이 지어진 이후로 계속 그 자리를 유지해 왔다.

헤롯 성전의 모형도를 보면, 이 동문에서 성전으로 들어가는 입구가 바로 연결되는 것을 볼 수 있다. 그렇기 때문에 원래 성전의 자리가 이 동문에서 직선으로 연결되는 곳일 수 있다는 가능성이 제기되고 있으며, 이로 인해 바위 돔 사원의 옆 자리가 지금 유대인들이 짓고자 하는 성전의 터가 될 수도 있다.

성전 재건 준비 현황

1. "성전 연구소"(The Temple Institute)의 활동

1987년도에 설립된 성전 연구소는 이후로 성전 건축을 위한 준비에 박차를 가했고, 현재는 성전에서 사용될 기명들 중에서 "언약궤"를 제외한 나머지 모든 기명들의 제작이 이미 완료된 상태이다.

2. "네제르 하코데쉬 제사장 연구소"의 활동

유전자 검사를 통해 찾아낸 제사장 가문, 곧 아론의 직계 후손들을 찾아내서 제사장이 해야 할 일들과 관련하여 집중적으로 훈련시키고 있다.

3. 성전 재건을 위한 유대인들의 열망

과거 광야의 성막에서부터 성전은 유대인들의 삶의 중심이었기 때문에 유대인들은 디아스포라를 겪으면서도 지속적으로 성전 재건에 대한 염원이 있었다. 1967년 6월 20일, 제3차 중동 전쟁에서 이스라엘이 승리하면서 예루살렘을 탈환했을 때 〈타임〉지는 "예루살렘에 성전이 건축되어야 하는가"라는 제목의 사설을 실었다. 〈타임〉지의 이 사설에서는 이스라엘이 세 번째 성전 건축에 대한 열망으로 도취되어 있으며, 몇몇 유대인들은 성전 재건에 대해 꽤 그럴듯한 신학적 근거를 제시하고 있다고 논평했다.

독립과 예루살렘 탈환 이후로 성전 재건을 향한 유대인들의 열망은 더욱 거세어졌고 구체적인 행동들로 가시화되어 왔다. 그들의 열망을 볼 수 있는 최근의 사건으로는, 2018년 12월 10일 수전절 마지막 날에 성전에서 사용할 "번제단 봉헌식"을 가졌던 일을 들 수 있다.

4. 성막으로서 지어질 가능성

사무엘상 1:9에 따르면, 당시는 솔로몬 성전이 지어지기 전이었는데도 『**제사장 엘리가 주의 성전 기둥 옆자리에**』 앉아 있다는 표현이 나온다. 성막의 기둥을 "성전 기둥"이라고 표현하고 있는 것이다.

이처럼 구약 시대에는 솔로몬 성전이 건축되기 이전부터 "장막"(tent, 삼하 7:6)으로서의 성막(tabernacle)을 "성전"(temple, 삼상 3:3)이라 불렀고, 신약에 와서는 야고보가 사도행전 15:16에서 아모스 9:11을 인용하는 가운데 『**이 일 후에 내가 다시 돌아와서 쓰러진 다윗의 장막을 다시 세울 것이며 또 거기에 파괴된 것들을 다시 세워 일으키리라.**』라고 말함으로써 재림 때 세워질 성전을 "장막," 곧 "성막"(tabernacle)이라고 불렀다.

중동 정세의 변화

1. 미국의 친이스라엘 정책

미국의 현직 대통령으로는 처음으로 예루살렘의 통곡의 벽을 방문한 트럼프 대통령은 2017년 12월 6일에 예루살렘을 이스라엘의 수도로 선언했고, 그다음 해인 2018년 5월 14일에는 미국 대사관을 텔아비브에서 예루살렘으로 이전하는 등 역대 대통령들보다는 좀 더 파격적인 친이스라엘 정책을 펼쳐 왔다.

더욱이 2020년 1월 28일에 발표한 180여 페이지에 이르는 "중동평화구상"에 따르면, 제3성전(환란 성전) 건립과 관련하여 이스라엘에게 상당히 유리한 조건이 제시되고 있다.

2. 요르단의 정세 변화

현재 성전 산 내의 바위 돔 사원의 관리 권한은 "친미 정책"을 표방하는 요르단 의 "와크프 재단"이 갖고 있다. 그런데 전쟁과 난민 문제로 인해 경제적인 어려움을 겪고 있는 요르단은 이를 해소하기 위해서, 대외적으로는 트럼프의 중동평화구상안을 반대한다 하더라도 뒤로는 미국에 경제적 지원을 요구하면서 그 구상안을 지지할 수도 있다.

■ 예언의 성취를 바라보면서 ■

성전 재건의 시기가 휴거 전일지, 휴거 이후일지는 명확하지 않다. "성전 터"를 위한 자리도 확실히 정해지지 않았다. 분명한 것은 대환란 기간 중반이 되기 전에 성전이 세워져 있어야 한다는 점이다. 그리고 지금은 그 어느 때보다도 유대인들의 성전 재건을 위한 노력이 가속화되고 있으며 그 결과들이 가시적으로 드러나고 있는데 이를 통해 예언의 말씀이 성취될 때가 더 가까이 왔다는 사실을 알게 된다. 교회의 휴거 이전에 성전 재건이 시작된다면 예루살렘에서 성전 건축이 시작되었다는 소식을 듣게 될 텐데, 그렇게 된다면 주님의 재림이 일어날 때가 바로 코앞에 다가왔다는 것을 알리는 가장 강력한 표적이 될 것이다. 휴거 이후에 성전 재건이 시작된다 할지라도 지금 이스라엘에서 벌어지고 있는 일련의 일들은 예수 그리스도께서 다시 오신다는 그 예언의 역사가 그대로 실현될 날이 멀지 않았음을 알려 주고 있다. 그렇기 때문에 그리스도인들은 그 어느 때보다도 주님께서 다시 오실 날이 멀지 않았음을 깨닫고, 부끄러움 가운데 주님을 만나 뵙지 않도록 하기 위해 더욱 더 깨어서 철저히 준비해야 할 것이다.

■ 새롭게 깨달았거나 적용할 내용이 있다면 적어 보세요. ■

NOTES

NOTES

제6과

천년왕국 성전 : 주께서 거기 계시다

『전의 법은 이러하니라. 산 정상의 주변의 온 지경은 지극히 거룩하리라. 보라, 전의 법이 이러하니라』(겔 43:12).

천년왕국 성전

하나님께서는 에스겔 40장부터 천년왕국 성전에 관해 에스겔 선지자에게 자세히 계시해 주기 시작하신다. 주 예수 그리스도께서 재림하신 후 통치하실 천년왕국 시대로 데리고 가셔서 그 성전의 모습을 보여 주시는데, 마치 섬세한 설계도를 펼쳐 놓고 설명하시듯이 그 전체 구조와 부분들을 그 치수까지도 자세히 보여 주신다. 우리는 본 강의를 통해 천년왕국 성전의 개략적인 구조와 그 성전을 중심으로 펼쳐지게 될 일들에 관해 매우 흥미롭게 공부하게 될 것이다.

천년왕국의 분할된 땅

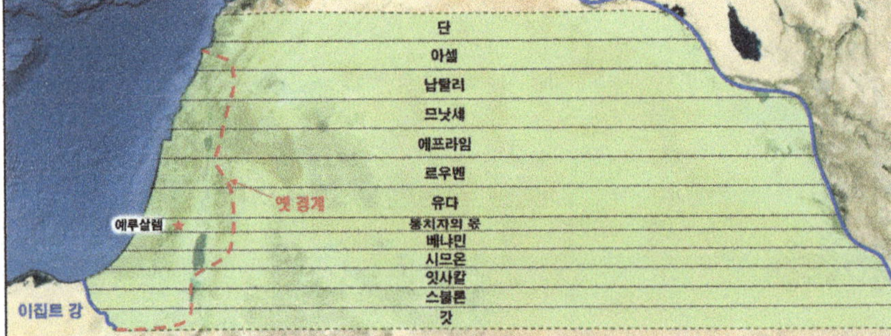

예수 그리스도께서 재림하시면 아브라함에게 약속하신(창 15:18-21) 비옥한 초승달 지역이 이스라엘 열두 지파에게 위와 같이 분할될 것이다. 그중 눈에 띄는 부분이 유다와 베냐민 지파의 땅 사이에 위치한 "통치자의 몫"인데, 이것은 "통치자 다윗"에게 주어질 특별한 땅이다.

"거룩한 예물"이라 불리는 구역

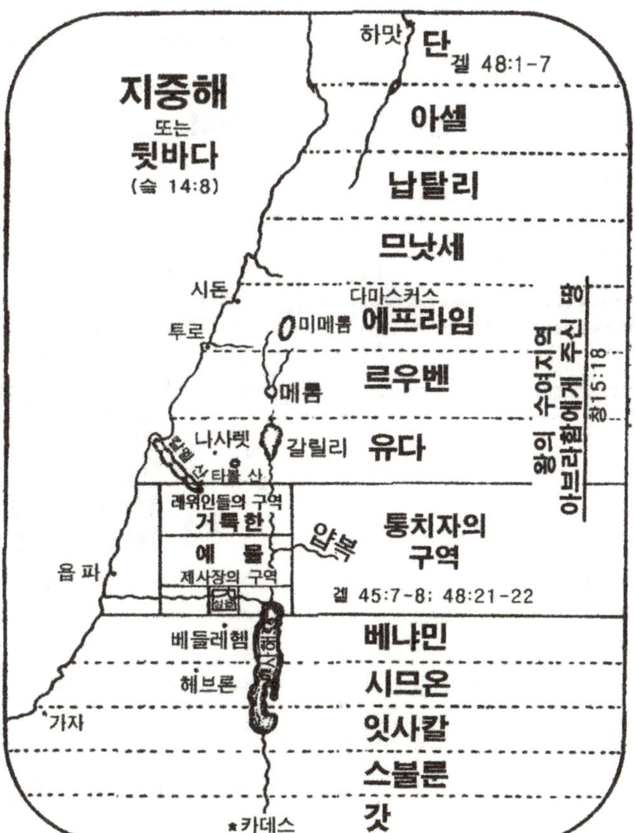

"거룩한 예물"의 세부 구조

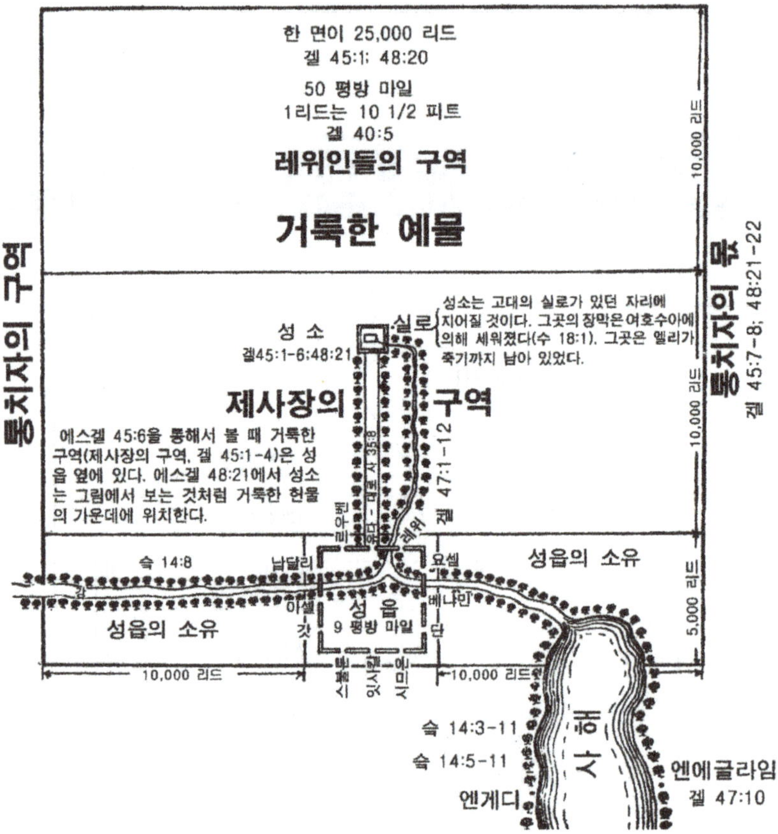

1. 거룩한 예물

『모든 봉헌된 땅은 이만 오천에 이만 오천이라. 너희는 성읍의 소유로 정사각형의 거룩한 예물을 드릴지니라』(에스겔 48:20). 천년왕국 시대의 성전은 『**거룩한 예물**』의 정중앙에 위치하게 될 터인데(겔 48:21), 가로와 세로가 25,000리드에 이르는 정사각형 모양의 이 『**거룩한 예물**』은 그 가운데에 하나님께 예물로 드려지는 『**거룩한 구역**』(겔 45:1), 곧 "제사장의 구역"이 있고, 성소는 이 구역 내에 위치하게 될 것이다.

2. 거룩한 구역(제사장의 구역)

『**또 너희가 제비뽑아 땅을 유업으로 나눌 때에 땅의 거룩한 구역은 주께 예물로 드릴지니라. 그 길이는 이만 오천 리드요, 그 너비는 일만 리드라. 그 주변의 모든 접경이 거룩하니라. 이 중에서 성소를 위한 곳이 있으리니 길이가 오백이요, 너비가 오백으로 둘레가 정사각형이며 또 사면의 오십 큐빗은 외곽이 될지니라. 이 측량한 것 중에서 너는 길이 이만 오천과 너비 일만을 재어 그 안에 성소와 지성소를 둘지니라. 그 땅의 거룩한 구역은 주를 섬기려고 다가오는 성소의 일꾼들인 제사장들을 위한 곳이 되게 할지니 그들의 집들을 위한 장소와 성소를 위한 거룩한 곳이 되리라**』(겔 45:1-4).

3. 레위인들의 구역

『**또 길이 이만 오천과 너비 일만은 전의 일꾼들인 레위인들을 위한 소유로 이십 개의 방을 둘지니라**』(겔 45:5).

4. 성읍과 성읍의 소유

천년왕국 때에는 성읍과 성전이 위치적으로 분리되어 있다. 『**그 왕, 만군의 주**』께서 계시는 『**예루살렘**』(슥 14:17)의 새 이름은 『**주께서 거기 계시다.**』(겔 48:35)가 될 것이다. 『**북편에 있는 성읍에서 나가는 곳이 이러하니, 규격이 사천오백이라. 성읍의 대문들은 이스라엘 지파들의 이름을 따를 것이라. 북쪽**

으로 세 개의 문이 있는데 하나는 르우벤의 문이요, 하나는 유다의 문이요, 하나는 레위의 문이라. 또 동편으로 사천오백이요, 세 개의 문이 있는데 하나는 요셉의 문이요, 하나는 베냐민의 문이요, 하나는 단의 문이라. 남편으로 사천오백이요, 세 개의 문이 있는데 하나는 시므온의 문이요, 하나는 잇사갈의 문이요, 하나는 스불론의 문이라. 서편으로 사천오백이요, 그들의 세 개 문이 있는데, 하나는 갓의 문이요, 하나는 아셀의 문이요, 하나는 납탈리의 문이라. 그 사면의 규격이 일만 팔천이며 그 날로부터 그 성읍의 이름이 '주께서 거기 계시다.'가 될 것이라』(겔 48:30-35). [참조, 『**그리하여 내가 나의 거룩한 이름을 내 백성 이스라엘 가운데 알게 할 것이요, 또 그들로 나의 거룩한 이름을 더 이상 더럽히지 못하게 하리니 이방으로 내가 주, 곧 이스라엘에 계신 거룩한 분임을 알게 하리라**』(겔 39:7).]

이 성읍은 영원 세계의 새 예루살렘이 아니다. 이 성읍과 새 예루살렘은 규격도 동일하지 않다. **이 성읍은 천년왕국에서 이스라엘이 받을 유업의 땅 중간에 세워지게 될(겔 48:1,28,29) 약 167km^{2}의 성읍이다**. 그에 비해 새 예루살렘은 3,900km^{2}인데(계 21:16), 만약 그것을 땅에 세우게 된다면 시내 산에서 터키까지, 또 이집트에서 파키스탄까지 이르게 되어 에스겔 48장에 제시된 거룩한 땅 전체를 완전히 덮어 버릴 것이다.

『**성읍의 소유**』는 **거룩한 구역(제사장의 구역, 겔 45:4)의 예물 "건너편"에 위치해 있다**. 『**너희는 거룩한 구역의 예물 건너편에 너비 오천과 길이 이만 오천의 성읍의 소유를 정하여 그것으로 이스라엘의 온 집을 위한 것이 되게 할지니라**』(겔 45:6).

5. 통치자의 몫

한 구역은 통치자의 몫이 될 것이다. 『**한 구역은 통치자의 몫이 되리니 거**

룩한 구역의 예물과 성읍의 소유 이편과 저편이며 거룩한 구역의 예물 앞과 성읍의 소유 앞에 서편으로 향한 서쪽과 동편으로 향한 동쪽으로부터이며 그 길이는 그 구역 중의 하나와 마주 보게 될 것이니, 즉 서쪽 경계에서부터 동쪽 경계까지라. 그의 소유는 이스라엘에서 그 땅에 있으리니 내 통치자들이 다시는 내 백성을 억압하지 아니하리라. 또 그들이 그 땅의 나머지를 그들의 지파대로 이스라엘 집에 주리라』(겔 45:7,8). 『거룩한 예물과 성읍의 소유 이편과 저편에 남은 땅은 통치자의 몫이 될지니 동쪽 경계를 향한 예물의 이만 오천과 서쪽 경계를 향한 맞은편 이만 오천으로 통치자의 몫 맞은편에 있는 것이라. 또 그곳이 거룩한 예물이 되리니 성전의 성소가 그 중앙에 있으리라. 또 레위인의 소유와 성읍의 소유로부터 유다 접경과 베냐민 접경 사이에 통치자의 것이라고 한 그 중앙에 있는 것이 통치자를 위한 곳이 되리라』(겔 48:21,22).

"통치자"라고 불리는 이는 "다윗"이다. 다윗의 부활과 통치는 다음과 같이 예언되어 있다. 『내가 한 목자를 그들 위에 세우면 그가 그들을 먹이리니, 곧 나의 종 다윗이라. 그가 그들을 먹일 것이요, 그가 그들의 목자가 되리라. 나 주는 그들의 하나님이 되고 내 종 다윗은 그들 가운데 통치자가 되리라. 나 주가 그것을 말하였노라』(겔 34:23,24).

천년왕국 기간 동안 예수 그리스도께서는 왕으로서 다스리시고(렘 33:15-17, 슥 14:16), 다윗은 예수 그리스도 밑에서 "통치자"로서 다스리게 될 것이다(겔 44:3; 46:2,8,10,16,18). 천년왕국 이후 영원에서는 예수 그리스도께서 새 예루살렘의 보좌에서 우주를 통치하실 것이고(계 21:23-22:5), 그 기간에 다윗은 새 땅에서 이스라엘을 통치할 것이다. 그리하여 하나님께서는 다윗과 맺으신 언약을 성취하실 것이다(삼하 7:13-16, 대상 17:12-14. 겔 37:23-26). 또한 통치자 다윗은 동쪽을 바라보는 안쪽 뜰의 대문에서 경배할 것이고 백성들도 마찬가지일 것이다(겔 46:1-3).

6. 예루살렘에서 솟아나는 생수

예루살렘에서 생수가 솟아나올 것이고, 그 강이 두 갈래로 갈라져서 지중해와 사해로 흘러들어갈 것이다. 『**앞 바다**』는 사해를 가리키고, 『**뒤 바다**』는 지중해를 가리킨다. 에스겔서에서는 이 물이 특히 동쪽 지역으로 흘러 "사해"로 들어가서 그 죽은 바다를 치유할 것을 강조하고 있다. 『**그후에 그가 다시 나를 전의 문으로 데려갔는데, 보라, 물이 전의 문지방 아래에서 나와 동편으로 흘러 나가더라. 이는 그 전의 전면이 동쪽을 향해 서 있고, 물이 오른편 아래에서 나와 제단 남쪽에서 흘러 내려감이라. 그리고 나서 그가 나를 북쪽을 향한 대문 길에서 데리고 나와 바깥 길로 나를 이끌어 동편을 바라보는 길 옆 바깥 대문에 이르니라. 보라, 거기에는 물이 오른편에서 흘러 나오더라... 그가 내게 말씀하시기를 "인자야, 네가 이것을 보았느냐?" 하시더니 나를 데리고 나를 강가로 돌아가게 하시더라. 이제 내가 돌아왔더니, 보라, 둑 이편과 저편에 심히 많은 나무가 있더라. 그때 그가 내게 말씀하시더라. 이 물은 동쪽 지역으로 흘러 사막으로 내려가서 바다로 들어가나니 바다로 들어갈 때 그 물들이 치유를 받으리라. 이 강물이 이르는 곳마다 살아 있고 움직이는 모든 것들이 살 것이라. 또 이 물이 거기로 들어가므로 거기에는 매우 큰 고기떼가 있으리니 이는 그 물들이 치유될 것임이요, 강이 흐르는 곳에는 모든 것이 살 것이라. 어부들이 그 위에 서리니 엔게디에서부터 엔에글라임까지라. 이곳들은 그물을 치는 곳이 될 것이라. 그들의 고기들은 그들의 종류대로 있을 것이며 큰 바다의 고기처럼 심히 많으리라**』(겔 47:1,2,6-10).

천년왕국 때에는 생수가 "성전 문지방 아래에서" 나와 지중해와 사해를 향해 두 줄기로 갈라져서 흐르게 될 것이다. **강물은 그 흐르는 곳을 치유하는 생명의 강이 될 것이지만, 새 예루살렘의 생명수의 강은 아니다(계 22:1,2). 에스겔서의 강은 성전의 문지방 아래에서 흘러나오는 반면(겔 47:1), "생명수**

의 강"은 새 예루살렘에 있는 하나님의 보좌에서 나오기 때문이다(계 22:1).

새 예루살렘 도성에는 천년왕국과 달리 성전이 없다(계 21:22). 천년왕국 성전에서 흘러나오는 강은 그것이 이르는 곳마다 치유하여 "물고기"에게 생명을 주는데(겔 47:9), **천년왕국의 불못이(사 34:8-10; 66:24) "영원한 불못"의 모형이듯이(계 20:14), 에스겔서의 강도 영원에서의 "생명수의 강"의 모형이 된다(겔 47:12 vs. 계 22:2).**

■ 새롭게 깨달았거나 적용할 내용이 있다면 적어 보세요. ■

성전의 구조(겔 40:1-43:27)

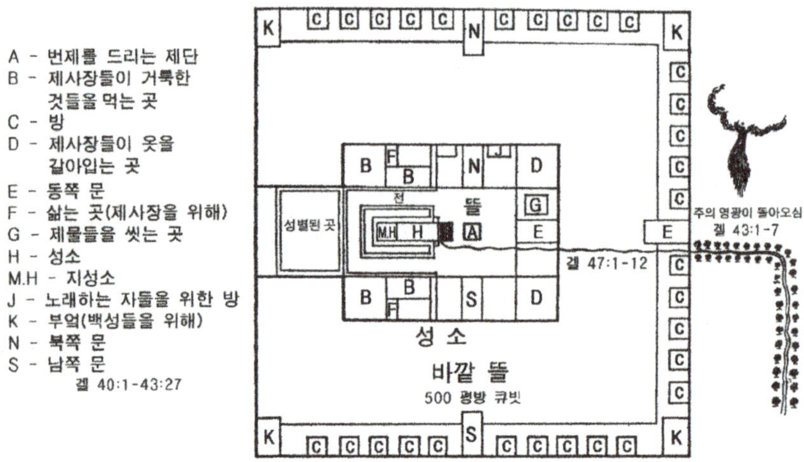

※ 전 앞의 뜰이 "안쪽 뜰"(겔 40:32)이다.

천년왕국 성전과 예배

1. 역사상 건축된 적이 없는 에스겔서의 성전

스룹바벨이나 헤롯이 건축한 성전을 에스겔서의 성전이라고 해서는 안 된다. 에스겔서의 성전은 스룹바벨 성전을 뛰어넘어서 천년왕국 때 성취될 성전이며, 이 점을 학개가 예언했다. 『또 내가 모든 민족들을 진동시키리니 모든 민족들의 열망이 이르리라. 그러면 내가 이 집을 영광으로 채우리라. 만군의 **주**가 말하노라. 은도 내 것이요, 금도 내 것이라. 만군의 **주**가 말하노라. 이 나

중 집의 영광이 먼저 집의 영광보다 더 크리라. 만군의 주가 말하노라. 이곳에 내가 화평을 주리라. 만군의 주가 말하노라』(학 2:7-9).

『**이 나중 집**』은 학개가 예언할 당시에 건축 중이던 스룹바벨 성전을 초월하는 성전이다. 왜냐하면 『**먼저 집**』인 솔로몬의 성전보다 영광이 더 클 것이라고 예언하기 때문이다. 말하자면 학개의 이 예언은 "민족들이 진동하고 모든 민족들의 열망이 이를" 재림 때에 초점이 맞춰져 있다. 『**이 나중 집**』은 당시 건축 중이던 스룹바벨 성전을 뛰어넘어 "천년왕국 성전"을 가리키는 것이다. 『**모든 민족들의 열망**』인 『**화평**』이 주어지는 때는 천년왕국 시대이기 때문이다.

2. 천년왕국 성전을 건축하실 『가지』이신 분

천년왕국 때에는 『**가지**』이신 분께서 천년왕국 성전을 건축하실 것이고, 그 분은 그곳 보좌에 앉은 왕이심과 동시에 친히 대제사장의 임무 또한 수행하실 것이다. 『**살렘 왕**』이자 『**지극히 높으신 하나님의 제사장**』(창 14:18)인 "멜키세덱"처럼 왕과 제사장 직분을 동시에 취하실 것이다. 『**그에게 일러 말하기를 "만군의 주가 이같이 일러 말하느니라. 그 이름이 가지인 사람을 보라. 그가 자기 자리에서 자라 주의 성전을 건축하리라[겔 40-46장]. 그가 주의 성전을 건축하고 영광을 지니며 그의 보좌에 앉아 다스릴 것이요 그가 그의 보좌 위에 제사장이 될 것이라. 또 그들 둘 사이에 화평의 의논이 있으리라." 하라**』(슥 6:12,13 cf. 렘 23:5,6).

3. 옛 성전에 비해서 없는 것이 많은 천년왕국 성전

천년왕국 성전에는 언약궤가 없다. 만나를 담아 놓은 항아리도 없다. 아론의 싹 난 지팡이도 없고, 자비석도 없으며, 금촛대도 없다. 차려놓은 빵도 없다. 돌판도 없으며, 향제단도 없다. **백성의 죄를 대속하거나 중보하기 위해 대제사장만이 들어갈 수 있는 지성소도 없다. 왜냐하면 그곳에 참된 『대제사장』(히 3:1)이신 분께서 들어가 앉아 계시기 때문이다.**

4. 지위가 격하되는 레위 지파

레위 지파가 성전의 직무를 감당하게 될 때, 그들은 자신들이 과거에 지은 죄로 인해 제사장적 임무를 수행하지 못하게 된다(겔 44:10-14, cf. 왕하 23:4,5). 구약 시대에 범죄한 레위인들은 천년왕국 때에 그 지위가 격하되는 것이다.

5. 다시 복원될 아론 계열의 제사장 직분

천년왕국 때에는 아론의 계열에 따른 제사장 직분이 다시 복원될 것이며, "**사독의 아들들**"이 제물을 드리는 임무를 맡게 될 것이다. 『**또 그가 내게 말하기를 "그 전망이 남쪽을 향한 이 방은 제사장들, 즉 전의 책무를 지키는 자들을 위한 것이라. 그 전망이 북쪽을 향한 방은 제사장들, 즉 제단의 책무를 지키는 자들을 위한 것이라. 이들은 레위의 아들들 가운데서 나온 사독의 아들들로 주께 가까이 나와서 섬기는 자들이라." 하더라**』(겔 40:45,46 cf. 겔 43:19; 44:15-31).

왜 사독의 아들들이 제사장이 되는가? 아론의 손자 피느하스가 이스라엘이 바알프올에게 가담했을 당시 한 이스라엘인과 미디안 여인을 창으로 찔러 죽이는 열심을 보인 일이 있었다(민 25:6-8). 그때 주님께서는 다음과 같이 말씀하셨다. 『**제사장 아론의 손자, 엘르아살의 아들 피느하스가 그들 가운데서 나를 위해 열심을 내어, 이스라엘 자손으로부터 나의 진노를 돌이켰으니, 내가 나의 질투심으로 이스라엘 자손을 진멸하지 않았도다. 그러므로 말하라. 보라,**

내가 그에게 나의 화평의 언약을 주리라. 그와 그 뒤를 잇는 그의 씨가 그것을 가지리니, 곧 영원한 제사장 직분의 언약이라. 이는 그가 하나님을 위하여 열성이 있어, 이스라엘 자손을 속죄하였음이라』(민 25:11-13).

이렇게 영원한 제사장직이 약속된 피느하스의 후손 가운데 사독은(대하 6:4,8) 다윗이 압살롬의 반역으로 도피할 때 다윗 편에 서서 도움을 주는 선행을 보였다(삼하 15:24,27,28). 하나님께서는 사독의 행위를 잊지 않으시고, 천년왕국 때 그의 아들들에게 제사장직을 수행하게 하시는 것이다.

천국왕국 때 제사장들에 의한 제사가 행해진다는 명백한 사실에 대해 반발하는 자들이 있다. 왜냐하면 에스겔서는 그리스도의 단번 속죄의 희생(히 10:10-14) 이후에, 또다시 레위인 제사장 직분이 수립된다고 말씀하기 때문이다. 성전이 다시 세워지고, 희생제들이 또다시 드려지고, 제사장직도 "사독" 가문의 레위인들이 맡게 된다는(왕상 2:35) 점을 받아들이지 못하는 것이다. 그러나 성경은 천년왕국 때 "유대인 독재자"(시 2:9-12, 슥 14:9)의 신정통치하에서 성전 제사가 회복되고, 레위인 제사장 직분이 수립된다고 분명히 가르치고 있다.

6. 천년왕국 성전에서 지켜지는 두 개의 명절

첫째는 레위인들이 지켜야 할 명절은 "유월절"이다. 유월절의 율례는 이스라엘이 영원히 지키도록 규정되어 있었다(출 12:24). 그러나 여기에는 예수 그리스도께서 완성하신 속죄 사역을 예표하는 "유월절 어린양"이 등장하지 않는다(겔 45:21-24). 대신 "숫양"이 드려진다(23절).

둘째는 레위인들이 지켜야 할 명절은 또한 "장막절"이다(슥 14:16-19). 이 명절은 모든 민족들이 지켜야 한다. 그렇지 않으면 하나님께서 가뭄과 재앙을 내리실 것이기 때문이다(슥 14:16-19).

7. 더 이상 지켜지지 않는 오순절

교회의 탄생과 휴거를 예표하는 "오순절"은 이미 교회 시대에 성취되었기 때문에 천년왕국 때에는 더 이상 존재하지 않는다.

8. 이스라엘 민족을 위한 속죄제

천년왕국 성전에서 레위인 제사장들이 드리는 속죄는 "민족"을 위한 것이 될 것이다(겔 43:18-27). 천년왕국 때는 레위인 제사장 직분과 구약의 희생제가 다시 제정되는데, 여기서 주의해야 할 점은, 천년왕국 성전에서 드리는 제사는 이스라엘 "민족"을 위한 피의 속죄를 이루는 것이지(대하 29:21-24, 사 60:7-12) 결코 "개인"을 위한 속죄가 아니라는 사실이다.

개인을 위한 속죄제는 교회 시대에 해당되며, 그것은 갈보리 십자가에서 완결되었다(히 10:10-14). 예수 그리스도의 한 번의 속죄제로 구원받은 사람들은 "개인"적으로 "영원히 온전케" 되었기 때문에 더 이상의 희생제가 필요 없지만, 한 "민족" 단위로서의 이스라엘은 다르다. 이스라엘 민족은 교회 시대의 개인의 구원과 달리 예수 그리스도의 한 번의 제사로써 거룩하게 되지 않았기 때문에 "영원히 온전케" 된 것이 아니다. 천년왕국 시대에 "민족 단위로 회복" 된 이스라엘은 다시 구약 시대와 마찬가지로 희생제사를 드려야만 하는데, 그것은 개인을 위한 속죄제가 아니라 "민족"을 위한 속죄제인 것이다.

9. 아랍인들이 없는 천년왕국 성전

『**전의 법은 이러하니라. 산 정상의 주변의 온 지경은 지극히 거룩하리라. 보라, 전의 법이 이러하니라**』(겔 43:12). 『**산 정상**』은 오늘날 바위 돔 사원(오

마르 사원)이 자리 잡고 있는 산을 말한다. 현재는 함족인 아랍인들이 더럽히고 있지만, 주님께서 재림하셔서 그 "팔레스타인인들"을 그 산에서 영원히 쫓아내시면 그 『**산 정상의 주변의 온 지경**』이 지극히 거룩하게 될 것이다. 『**정녕, 예루살렘과 유다에 있는 모든 솥이 만군의 주께 거룩함이 될 것이요, 희생제를 드리는 자들이 모두 와서 솥들을 가져다가 거기에 삶으리라. 또 그 날에는 만군의 주의 집에 카나안인이 더 이상 있지 아니하리라**』(슥 14:21).

10. 성전으로 다시 들어오는 하나님의 영광

천년왕국 때에는 바빌론 포로기에 성전을 떠났던(겔 10:18-20; 11:22,23) 하나님의 영광이 바깥 성소의 동쪽 대문을 통해서 다시 들어오실 것이다(겔 43:1-5; 44:1-4). 그때 주님께서는 천년왕국 성전을 가득 채울 것인데, 주님께서 채우신 그곳을 가리켜 『**내 보좌의 자리와 내 발바닥을 둘 자리**』라고 하시면서 『**내가 이스라엘 자손 가운데서 영원히 살 곳이라.**』(겔 43:7)라고 말씀하셨다. 이 보좌가 바로 주님의 천년왕국 통치를 예표하는 솔로몬이 앉았던 『**다윗의 보좌**』(왕상 2:12)이며, 『**주의 보좌**』로도 불린다(대상 29:23, 렘 3:17). 주 예수 그리스도께서는 다윗의 보좌에 왕으로서 앉아 계실 것이고, 다윗은 그분 밑에서 통치자로 있게 될 것이다.

『**그후에 그가 나를 대문, 즉 동편을 향한 대문으로 데려왔는데, 보라, 이스라엘의 하나님의 영광이 동편의 길로부터 임하였으니 그분의 음성이 많은 물소리 같으며 땅이 그의 영광과 함께 빛나더라... 그 전망이 동쪽을 향한 대문길을 통하여 주의 영광이 그 전으로 들어오더니 그 영이 나를 들어 안쪽 뜰로 데려갔는데, 보라, 주의 영광이 그 전을 가득 채웠더라**』(겔 43:1,2,4,5). 『**그후에 그가 나를 동쪽이 바라보이는 바깥 성소의 대문이 있는 길로 데리고 돌아가시니, 그 문이 닫히더라. 그때 주께서 내게 말씀하시더라. 이 대문이 닫히고**

다시 열리지 아니하리니 아무도 그곳을 통해 들어가는 사람이 없으리라. 이는 주 이스라엘의 하나님이 그곳을 통해 들어갔음이라. 그러므로 그 대문은 닫혀 있으리라』(겔 44:1,2). 『**대문**』은 동쪽을 향한 문, 즉 "동문"을 말한다. 성전의 "동문"은 『**주 이스라엘의 하나님이 그곳을 통해**』 들어가셨기 때문에 거룩한 문이다. 그래서 사람의 통행은 허용되지 않는다. 다만 그 대문의 문지방과 문간에서 경배를 드리는 것만 허용된다(겔 46:1-3). 재림 때 주 예수 그리스도께서 들어오실 "성전 산"의 동문이 현재 막혀 있어서 사람이 통과하지 못하듯이, 『**주 이스라엘의 하나님이**』 통과해 들어가실 천년왕국 성전의 동문 역시 사람이 통과하지 못할 것이다.

■ 새롭게 깨달았거나 적용할 내용이 있다면 적어 보세요. ■

NOTES

< 추 천 도 서 >

세대적 진리

클라렌스 라킨 지음

322쪽 / 32,000원

이 책은 세대주의 연구의 기초가 되는 책으로 클라렌스 라킨의 역작이며, 성경을 배우고 연구하는 모든 그리스도인들의 필독서이다.

에스겔

피터 S. 럭크만 지음 / 712쪽

30,000원(eBook 21,000원)

이 책 안에는 그리스도께서 다시 오시는 재림의 때에 위대하게 일어나는 이스라엘과 하나님께서 계시는 성전과 그분의 통치가 펼쳐져 있다.

죽음의 재 같은 땅 이스라엘

피터 S. 럭크만 지음 / 520쪽

25,000원(eBook 17,500원)

이 책은 이스라엘의 수난의 역사, 이 땅을 둘러싼 음모들, 이 땅에 대한 성경적 관점 등 이런 주제에 관하여 이처럼 정확하게 제시한 책은 일찍이 없었다.

성막

피터 S. 럭크만 지음 / 88쪽

3,000원(eBook 1,900원)

성막은 구약에 속한 부분이지만, 성막과 그 안에 속한 모든 것들은 하나의 모형으로서 우리에게 신약의 중요한 교리를 조명해 준다.

솔로몬 성경공부 시리즈

세대주의

광야의 성막에서 천년왕국 성전까지

초판1쇄 2023년 2월 9일
초판2쇄 2023년 3월 17일
지 은 이 / 편 집 부
발 행 인 / 박 승 용
발 행 처 / 말씀보존학회
출판등록 / 제409-2022-000036호
주 소 / 서울 강서우체국 사서함 제90호
전 화 / (02) 2665 - 3743
팩 스 / (02) 2665 - 3302
인 터 넷 / www.biblemaster.co.kr

잘못된 책은 바꿔 드립니다.

값 10,000 원